U0401674

| 供应链之道 |

Top-Level Design of
Supply Chain Strategy

Deconstructing the supply chain
in one sentence

供应链战略顶层设计

一句话解构供应链

宫迅伟 著

本书凝聚了作者多年实战经验与培训咨询的精髓，独创性地提出了"SCM321"模型，旨在全面、深入地剖析供应链管理内核。

作者以一句凝练的话语，精准捕捉了供应链管理的要义，即精通供应链，就是要精通三个流（物流、信息流和资金流）、两条主线（组织之间高效协同和供需之间精准对接）和一个突破口（要快、要柔的交付能力）。其中，信息流的作用最为突出，由此作者产生了一个深刻的洞见：信息流问题解决了，供应链问题就解决了一半。

此外，本书遵从"4P+C"模型，即聚焦产品、流程、伙伴、渠道/设施（4P）这四个要素，一切以客户（C）为中心，打造差异化竞争优势，从而帮助读者一同构建供应链战略顶层设计。做到大处着眼，构建全景图；小处着手，落地又实操。

图书在版编目（CIP）数据

供应链战略顶层设计：一句话解构供应链 / 宫迅伟著. -- 北京：机械工业出版社，2024.10. -- （供应链之道）. -- ISBN 978-7-111-76713-8

I. F252.1

中国国家版本馆 CIP 数据核字第 2024KE7021 号

机械工业出版社（北京市百万庄大街 22 号 邮政编码 100037）
策划编辑：张竞余　　　　　　　　责任编辑：张竞余　刘新艳
责任校对：王小童　马荣华　景　飞　责任印制：郜　敏
三河市国英印务有限公司印刷
2024 年 11 月第 1 版第 1 次印刷
170mm×240mm · 18 印张 · 1 插页 · 221 千字
标准书号：ISBN 978-7-111-76713-8
定价：79.00 元

电话服务　　　　　　　　　网络服务
客服电话：010-88361066　　机　工　官　网：www.cmpbook.com
　　　　　010-88379833　　机　工　官　博：weibo.com/cmp1952
　　　　　010-68326294　　金　书　网：www.golden-book.com
封底无防伪标均为盗版　　　机工教育服务网：www.cmpedu.com

FOREWORD
推荐序

在当今全球商业环境中,供应链的战略地位日益凸显,它不仅是企业运营的核心,更是推动经济发展的重要力量。然而,供应链管理的复杂性和挑战性也随之增加,如何在这一领域找到有效的策略和方法,成为众多企业和学者关注的焦点。

正是在这样的背景下,宫迅伟老师的《供应链战略顶层设计》应运而生。这本书以独特的视角和深入浅出的方式,为我们揭示了供应链管理的奥秘,并提出了一套系统而实用的"SCM321"模型。

作为中国物流与采购联合会,我们呼吁全社会高度重视供应链管理,呼唤各位专家学者回应社会关切,洞察供应链管理的未来趋势。而宫迅伟老师的这本书,正是对供应链管理理论的一次重要创新和实践总结。全书分为七章,每章有一条主线,但始终围绕"SCM321"模型展开,形散而神不散。这种结构使得读者能够更加清晰地理解供应链管理的核心要素和内在逻辑。

书中提出的"三个流、两条主线、一个突破口"观点,是对供应链管理核心要素的精准概括。作者通过深入剖析和分解供应链管理的底层逻辑,既帮助我们构建了全景图,又能够指导我们落地实操。这种理论与实践相结合的方式，使得这本书不仅具有理论价值，更具有实践指导意义。

我特别欣赏书中对客户需求的重视和强调。在作者看来，供应链管理要以客户为中心，以需求为导向。这一观点与我们一直倡导的"以客户为中心"的理念不谋而合。同时，书中还提出了具体的"4P+C"模型，为供应链战略顶层设计提供了有力的支撑。

此外，书中对供应链的三个流、组织协同、供需对接、交付、风险管理以及供应链创新等方面的深入阐述，也为我们提供了宝贵的经验和启示。这些内容不仅能够帮助我们更好地解决当前面临的问题，更能够为我们未来的供应链管理实践提供有益的指导和借鉴。

我认为，《供应链战略顶层设计：一句话解构供应链》这本书不仅是一本优秀的供应链管理教材，更是一本值得每个企业管理者、供应链从业者以及物流与采购领域相关人士深入研读的实战指南。它不仅能够帮助我们更好地理解供应链管理的本质和规律，更能够指导我们在实际工作中如何运用这些知识和技能，推动供应链管理的发展和进步。

在此，我要向宫迅伟老师表示衷心的祝贺和感谢。祝贺他写出了一本如此优秀、如此实用的书，感谢他为中国企业在供应链管理领域提供了这样一份宝贵的精神财富。

最后，我希望更多的企业和个人能够关注到这本书，从中汲取智慧和力量，共同推动中国供应链事业的发展和繁荣。我相信，宫迅伟老师会一如既往，我也呼吁能有更多的人加入供应链研究，我们一定能够打造出更加高效、稳定、灵活且有韧性的供应链体系，为中国的经济发展做出更大的贡献。

中国物流与采购联合会副会长

PREFACE
序言

一句话解构供应链，构建供应链战略顶层设计

"未来的竞争不再是单一企业之间的竞争，而是供应链与供应链之间的竞争。"英国学者马丁·克里斯托弗（Martin Christopher）的这句话被广泛传播，并引起越来越多人的共鸣。市场竞争、地缘政治以及自然灾害等各种突发事件，让各级管理者都认识到了供应链管理在现代商业环境中的重要性，"强链、补链、延链"成为管理者日常的必修课。

供应链战略顶层设计强调供应链问题不仅是运营层面的事，还是关乎企业整体战略的大事。供应链战略顶层设计需要与企业整体战略匹配，确保战略一致性，例如，低成本领先注重降本增效——"全网最低价"，差异化竞争则强调独特性——"我和别人不一样"。供应链战略顶层设计是系统、全局性工作，需要高层管理者统筹考虑。

那什么是供应链？供应链环节众多，管理理论博大精深，能否用一句话表达清楚？关于供应链的图书有很多，本书有什么不一样？

本书是用"SCM321"模型来解构供应链的。

SCM是指供应链管理（Supply Chain Management）。321是什么？用一句话就可以说清楚，即三个流、两条主线、一个突破口。"三个流"

是指物流、信息流、资金流，这是供应链管理的对象；"两条主线"是指组织之间高效协同和供需之间精准对接，这是供应链管理要解决的两个基本问题；"一个突破口"是指交付，不仅要准时，还要快、要柔。

解构是什么？它意味着对某件事情进行深入的剖析和分解，以揭示其底层逻辑，揭示其内在的结构和含义，从而让我们更深入地理解事情的本质。

我做过供应链总监，也做过总经理，"SCM321"模型是我从过往的经验和教训中萃取的，包含了我作为管理咨询师十几年的观察和感悟。用"SCM321"模型解构供应链，可以帮助我们：从大处着眼，构建全景图；从小处着手，落地又实操。

解构供应链，主要涉及对供应链各个环节的深入理解和分析。供应链是一个由多个环节组成的链条，这些环节包括但不限于销售、研发、采购、生产、交付等，每个环节都有其独特的作用和功能。本书是以"SCM321"模型为基础展开的，前面加供应链战略顶层设计，后面加供应链风险管理与创新，共计 7 章。

本书重点关注了以下几个方面。

1. 供应链的"三个流"

提到供应链，首先想到"三个流"，即物流、信息流和资金流，它们是供应链管理的对象。

物流涉及产品的实体流动，资金流涉及资金的流动和结算，信息流则涉及信息的传递和共享。这三个"流"的顺畅与否，直接影响供应链的整体效能。

它们之间的关系是，信息流问题解决了，供应链问题就解决了一半。这是"SCM321"模型的核心结论，本书将全面深入阐释它。

2. 供应链的"两条主线"

组织之间的高效协同,是供应链管理的一大难题,必须解决它。可以说,如果没有协同问题,就不需要供应链管理了。

供应链涉及多个环节和多个参与方。关于协同,对内,是部门与部门之间;对外,包括与供应商、生产商、物流商、销售商、客户等之间。这些组织之间的协同程度直接影响供应链的运作效率和响应速度。

要实现高效协同,各个组织之间需要建立紧密的合作关系,确保信息畅通、资源共享、风险共担。同时,还需要借助先进的信息技术和管理手段,提高协同的自动化和智能化水平,减少人为干预和误差。

供需之间的精准对接,则是供应链管理的另一大难题。要实现精准对接,本质上是解决供需平衡问题。

对外,企业需要深入了解市场需求和消费者偏好,通过市场调研、数据分析等手段,准确把握市场动态,提供符合消费者期望的产品和服务。同时,企业还需要与供应商、销售商等合作伙伴保持密切沟通,共享信息、协同预测,共同制定和调整供应链策略,确保供需平衡,并且快速响应市场需求。

3. 供应链的"一个突破口"

供应链的任务就是交付,交付也是客户最为关注的指标。交付周期是提升供应链效能的突破口。缩短交付周期,可以提高供应链的响应速度和灵活性,从而更好地满足客户需求。

本书将从客户的角度对交付周期进行深入研究,帮助读者理解如何通过优化流程、提高效率等手段来缩短交付周期。一切影响交付的流程都应该得到优化,一切影响交付的行为都应该得到纠正。

4. 供应链的"薄弱环节"

供应链管理的第一要务是保障交付,不能掉链子,风险管理是基本盘。

供应链的特性有三个：第一个是长度，环节众多，环环相扣；第二个是粗度，每个品类有自己的供应链，品类之间有交叉，品类复杂供应链就复杂；第三个是供应链的脆弱性，在整条供应链中，总有些薄弱环节，这些薄弱环节可能是供应链容易断裂的地方，也可能是制约供应链整体效能的瓶颈，它们决定了供应链的整体性能。找出并改进这些薄弱环节，是提升供应链韧性、规避供应链风险、提高供应链整体效能的关键。

供应链管理复杂且博大精深，但我深信，只要掌握其底层逻辑，在工作中抓住几条主线，解题思路就会清晰，就能轻松应对各种挑战。

对于供应链管理，我们不仅需要理性的分析和思考，还需要感性的体验和感悟。在这个世界中，有无数的人在为供应链的顺畅运作而辛勤付出，有无数的故事在供应链的各个环节中上演。通过解构供应链，我们不仅可以更好地理解它，还可以用心地感受它，从而更好地运用它。"不一样"不是创新的本质，为客户提供更好的体验才是供应链创新的根本遵循。

本书同畅销书《如何专业做采购》一样，选取了一些专题，每个专题独立成篇，满足当代读者"碎片化"的阅读习惯。每个专题都来自一线实战，每个回答都有理论指导。全书分为7章，各有其基本逻辑，紧紧围绕"SCM321"模型，形散而神不散。

我相信，用"SCM321"模型来解构供应链，会让我们的解题思路更清晰，管理方法更明确。让我们一起为打造更稳定、更高效、更有韧性的供应链而努力！

衷心感谢我曾经服务过的客户和学员，是你们的每一个问题促使我对供应链管理有了更为深入的思考，也是你们的鼓励让我得以抽出时间撰写本书。同时，我要向所有写书的朋友致敬，是你们让我有机会汲取智慧，站在巨人的肩膀上。最后，感谢所有奋战在供应链条线的同行，是你们的每日辛勤努力，共同推动了行业的进步。

CONTENTS

目 录

推荐序

序 言 一句话解构供应链，构建供应链战略顶层设计

第 1 章 供应链战略顶层设计：以客户为中心 /1

1.1 在公司应该听谁的，99% 的人都回答错了 /2
1.2 "供应链"应改为"需求链"吗 /3
1.3 "4P+C"模型：构建高效的供应链管理全景图 /5
1.4 产品：设计时就要考虑供应链 /8
1.5 流程：优化流程要聚焦客户需求 /10
1.6 伙伴：要想选对供应商，先要了解客户 /13
1.7 渠道/设施：聚焦客户需求，布局供应链 /15
1.8 供应链重构，要不忘初心 /17
1.9 Local for Local：供应链管理的基本法则 /19
1.10 出海供应链，向海尔、小米学什么 /20
1.11 跨境电商：基于"4P+C"模型，重构供应链 /24
1.12 创新创业企业如何搭建供应链 /27

1.13 "既要，又要，还要"是错误的 / 30

1.14 供应商的优化大于料号的优化 / 33

1.15 构建从战略到执行的供应链业务框架 / 35

本章小结：员工的执行力，不是为了上级 / 39

第2章 抓住信息流：供应链管理事半功倍 / 41

2.1 宾馆入住的尴尬：信息流断裂的代价 / 42

2.2 "三流"问题深挖，一半都是信息流问题 / 44

2.3 信息一致性：供应链管理的基石 / 47

2.4 牛鞭效应：信息流不一致的代价 / 49

2.5 信息质量：全、真、精、新 / 52

2.6 信息质量：供应链金融的基石 / 54

2.7 客户需求：穿针引线，串联供应链 / 57

2.8 需求预测：供应链的原始驱动力 / 60

2.9 明知预测不准，为何还要预测 / 62

2.10 为何宝洁高度重视沃尔玛的POS机 / 64

2.11 如何提高需求预测的准确性 / 65

2.12 需求管不好，供应链没方向 / 68

2.13 拿到的订单，可能只是预测 / 70

本章小结：供应链管理——从销售计划启程 / 72

第3章 组织之间高效协同：做到四个一致 / 73

3.1 四个一致：确保组织间高效协同 / 74

3.2 信息一致：客户需求只有一个，大家不要互相猜 / 76

3.3 认知一致：管理水平的天花板 / 79

3.4 信任一致：组织协同的灵魂 / 82

3.5 能力一致：供应链高效运作的基石 / 85

3.6 频繁招标，不利于协同 / 90

3.7 用竞争代替管理，不利于协同 / 92
3.8 大企业更应该重视供应商管理 / 94
3.9 以大欺小，最终受损的是自己 / 96
3.10 为何采购人员会"替供应商说话" / 98
3.11 供应商绩效差，一半的责任在采购方 / 99
3.12 优秀的采购：供应商的"总经理" / 102
3.13 采购：供应链资源的协同者 / 105
3.14 战略一致性：打破企业隔阂、部门壁垒 / 108
3.15 要设立一对互相矛盾的指标 / 111
本章小结：追求"四个一致"，日本企业偏爱新大学生 / 114

第4章 供需之间精准对接：重在产销平衡 / 119

4.1 供需之间精准对接：供应链管理的主线 / 120
4.2 精准对接的核心：数量、质量、时间和结构匹配 / 122
4.3 精准对接的极致：零库存 / 125
4.4 精准研发：打造"适销对路"的产品 / 128
4.5 精准采购：用 5R 原则指导供需对接 / 130
4.6 产销平衡会：最高级别的供应链会议 / 132
4.7 成功的产销平衡会，要明确输入和输出 / 135
4.8 一个计划，一个指挥 / 139
4.9 用计划管住变化，以不变应万变 / 140
4.10 为什么欧美航空公司会超额订座 / 143
4.11 都是"拍脑袋"，为何别人比你准 / 145
4.12 订货频率越高，可能客户水平越高 / 148
4.13 考核供应商，要评估其供应链管理能力 / 150
4.14 精准对接，不仅看当下，还看长远 / 152
本章小结："三流"精准对接，实现产销平衡 / 154

第 5 章 一个突破口：交付要快和柔 / 155

5.1 交付能力的三个等级 / 156

5.2 "五个执行"，确保准时交付 / 157

5.3 你的交期定义可能是错的 / 159

5.4 端到端：真正的起点与终点 / 162

5.5 缩减四个核心周期，达成快速交付 / 164

5.6 订单处理周期，有巨大改善空间 / 167

5.7 运用精益工具 ECRS，缩短订单处理周期 / 170

5.8 "多、快、好、省"，没有最快，只有更快 / 173

5.9 确保"三柔"，实现柔性交付 / 176

5.10 延迟策略与推拉平衡点策略 / 180

5.11 衍生的 10 种延迟策略与推拉平衡点策略 / 183

5.12 不尊重供应商交期，就是不尊重自己 / 185

5.13 要想交付快，必须管好长周期物料 / 188

5.14 做好齐套率：一个也不能少 / 190

5.15 服务与体验：未来差异化竞争的核心 / 191

本章小结：交付经理，供应链中的新角色 / 194

第 6 章 风险管理，要补"薄弱环节" / 195

6.1 出乎意料，日本味精厂停产影响全球芯片供应 / 196

6.2 避免"掉链子"是供应链管理的首要任务 / 198

6.3 风险无时不在，风险管理并非"没事找事" / 199

6.4 四个关键特性构建风险管理核心框架 / 203

6.5 如何提升供应链韧性 / 205

6.6 风险管理要融入业务流程 / 207

6.7 培育风险洞察"基因"，增强风险敏感性 / 210

6.8 识别风险，不留死角 / 213

6.9 风险控制的"三道防线" / 215

6.10 风险登记簿，记录"看见"的风险 / 218

6.11 评估供应链脆弱性的两个模型 / 219

6.12 供应链风险管理的"4T"法则 / 222

6.13 业务连续性计划、灾害恢复计划与 Plan B / 224

6.14 利用约束理论"五步聚焦法"找瓶颈 / 226

6.15 中国企业出海，如何管控供应链风险 / 230

本章小结：管控三个流，控制供应链风险 / 233

第 7 章 供应链创新：三个流 + 数字化 / 235

7.1 SCM321 视角：线上如何打败线下 / 236

7.2 供应链创新："软硬兼施" / 238

7.3 供应链创新：产品与市场双轮驱动 / 241

7.4 更智能、更高效、可持续是创新方向 / 243

7.5 9 种常见的供应链创新模式 / 245

7.6 为创新设立指标："4P+C"模型下的考量 / 249

7.7 定制化时代：每个人都能拥有自己的品牌 / 250

7.8 定制不难，难的是大规模定制 / 253

7.9 制造业的未来是柔性制造 / 255

7.10 用 Cell 生产方式应对多品种小批量 / 257

7.11 AI 重构信息流：推动供应链创新 / 259

7.12 一物一码，一码到底 / 262

7.13 直播带货：全面重构供应链 / 264

7.14 新零售创新："一盘货"重构"人、货、场" / 267

7.15 跨界合作：擦出供应链管理新火花 / 270

本章小结：用"4P+C"和"SCM321"打造爆款供应链 / 273

第 1 章

供应链战略顶层设计：以客户为中心

导 语

核心观点：供应链管理，要以客户需求为导向；供应链战略顶层设计，要以客户为中心。客户是企业一切行为的基础和前提，客户的需求是供应链管理的起点，也是供应链努力的终点。

供应链具体如何设计，需要遵从"4P+C"模型，即聚焦产品、流程、伙伴、渠道/设施（4P）四个要素，一切以客户（C）为中心，打造差异化竞争优势。要以终为始，从大处着眼，构建全景图，只要心中有客户，无论怎么管，形散神不散。

1.1 在公司应该听谁的，99%的人都回答错了

"在公司里，大家应该听谁的？"每次我抛出这个问题时，都能引发一片热议！

大家普遍认为应该听上级的，上级听总经理的，总经理再听老板的，这是公司的"指挥链"，是公司运行的常规逻辑。所以，这个回答"理论上"是没有错误的。

但深入想想，老板又该听谁的呢？老板需要综合考虑员工、客户、供应商等多方的声音，这些是"利益相关者"，或者叫"有关人员"，这些人的声音也很重要。但是，这些声音中最重要的还是客户的声音。毕竟，公司存在的基础和目的就是给客户创造价值，满足他们的需求。你看，很多公司墙上都写着"客户是上帝""一切为了客户""超越客户期待"。

然而，在日常工作中，我们直接接触客户的机会并不多，可能更多的是听从内部指令，是听从自己上级的。因此，公司需要建立一种机制，确保能够全面、准确地把客户需求和其他利益相关者的声音传递给每个人。

所以，当我说"99%的人都回答错了"时，可不是在开玩笑。我曾经作为"客户代表"被邀请参加一家公司的战略研讨会，全体高管兴致勃勃，非常投入地开了一天的战略研讨会。最后让我这个"供应链专家兼客户代表"做总结，我就毫不客气地说："作为客户代表，我没'感觉'到，你们一天的讨论跟客户有什么关系。"

大家想想看，如果一家公司的战略不是站在客户视角，而是让客户"无感"，那这种战略的价值在哪里呢？所以，大家在回答这个问题时，往往只看到了冰山一角，没有进行全面考虑。我们需要让所有人都能听到客户的声音，大家时时刻刻心中要装着客户，这样才能做出更加明智

和全面的决策。

明白了这一点，就明白了供应链战略顶层设计的底层逻辑：客户的需求是供应链管理的起点，也是供应链努力的终点。

深入了解客户的需求和期望，对于后续的产品设计、生产、交付等都有着至关重要的影响。只有深入了解客户需求，才能设计出符合市场需求的供应链策略。

客户会通过各种渠道告诉我们他们的期望、喜好、不满和改进建议。最终，这些都会转化为客户的订单或需求预测。企业运营主要是靠研发、销售和供应链这"三驾马车"，研发负责产品开发，销售负责市场推广，而供应链则负责将产品或服务送达客户手中。我们的目标就是通过精细的供应链设计，满足客户的每一个需求。

那什么是供应链呢？

1.2 "供应链"应改为"需求链"吗

有人提出，我们应该将传统的"供应链"概念转变为"需求链"，需求链更加强调以客户需求为核心。这个观点是否具有合理性？又会带来哪些积极意义呢？

首先，我们简要回顾一下这两个概念的基本定义。

"供应链"是一个已经被广泛接受和应用的概念，它描述了从原材料采购到最终产品交付给消费者的整个过程。这个过程的管理重点是确保产品能够准时、高效且低成本地送达消费者。

而"需求链"则是一个较新的观点，它的出发点是消费者的实际需求，逆向推动整个价值链的各个环节，包括产品营销、设计、采购、生产和物流等。它着重于了解客户的真实需求，并以此为基础来规划和执行供应链活动。需求链的核心理念是确保企业的一切活动都紧密围绕消费者需求来展开。

那么，是否应该将"供应链"改为"需求链"呢？

从某些角度看，这个转变是有其合理性的。在市场竞争日益激烈和消费者需求日趋多样化的今天，企业确实需要更加重视和理解消费者的真实需求。将重心从内部的流程管理转向外部的市场需求，可以帮助企业更好地满足消费者，从而在市场上获得更大的竞争优势。

然而，这并不意味着我们应该完全抛弃"供应链"的概念。事实上，一个完整且高效的价值创造过程既需要关注市场需求和消费者满意度（即需求链的管理），也需要注重内部流程的优化和协同（即供应链的管理）。只有当两者紧密结合、协同发挥作用时，才能实现整体价值的最大化。

因此，将"供应链"改为"需求链"并不是要用后者彻底取代前者，而是要强调在供应链管理的过程中更加注重市场需求和消费者满意度的重要性。这实际上是一个视角的转变，而不是一个概念的替换。

通过这种转变，可以带来以下积极意义。

（1）提高运营效率：这是企业内部运营层面的目标，关注于通过更准确地预测需求、优化库存管理和生产计划来提升整个价值链的效率。这是基础层面的优化，对企业内部运营有直接影响。

（2）驱动创新：在提高运营效率的基础上，企业需要持续关注市场变化和消费者需求的变化，以激发创新精神，推动产品和服务的持续改进和创新。这需要企业对外界环境保持敏感，并在企业内部运营的基础上进行创新。

（3）提升客户满意度：通过更加关注和理解客户的真实需求，企业可以提供更加符合期望的产品和服务，从而提升客户满意度。这是在企业内部运营优化和创新驱动的基础上，更加贴近客户需求，提升客户体验。

（4）增强市场竞争力：最终，通过提高运营效率、驱动创新以及提升客户满意度，企业能够更好地满足市场需求和消费者偏好，进而赢得更多的市场份额和客户忠诚度，增强市场竞争力。

那怎么设计供应链呢？

1.3 "4P+C"模型：构建高效的供应链管理全景图

如果你是一家公司的总经理，或者是供应链总监，管理层要求你看看公司在供应链管理方面有哪些地方需要改进，或者说，你在一家新公司，需要设计一个供应链，要让供应链能够支撑公司战略，要用供应链提升市场竞争力。那么，请问，你会使用什么样的方法，或者说，从哪些维度开始优化设计呢？

"万丈高楼平地起""地基不牢，地动山摇"，这些我们耳熟能详的话，都说明了基础的重要性，而这个基础需要顶层设计。

就像盖一栋大楼，要先有一个整体的规划和设计，确定好楼层、结构、功能，然后开始施工。如果没有一个好的顶层设计，那么建造出来的建筑就有可能存在各种问题，比如结构不稳定，功能不完善等。可见，只有一个成功的顶层设计，才能保障供应链高效、有序，实现最终目标。正如前面提到的，客户的需求是供应链管理的起点，也是供应链努力的终点。

那具体怎么设计呢？

我这里提供一个"4P+C"模型，即产品（Product）、流程（Process）、伙伴（Partner）和渠道/设施（Place），再加上客户（Customer）。大家可以按照这个模型，设计自己公司独有的供应链。

具体内容如下。

（1）产品。

核心目标：设计符合市场需求且盈利的产品组合，同时要考虑供应链。

根据市场调研和竞争对手分析，明确产品的定位和特性，包括功能、品质、外观等。例如，对于高端市场，产品定位可能强调品质和独特性；对于中低端市场，产品定位可能更注重性价比。同时，在设计时就要考虑供应链，要面向供应链而设计（Design for Supply Chain，DFSC），要充分考虑供应链的需求和能力，以确保设计出的产品或服务能够在供应链中高效、顺畅地流动。确保产品和服务的设计，既符合市场需求，又考虑到了供应链的可制造性、可采购性和可维修性。

（2）流程。

核心目标：构建高效、灵活且透明的供应链流程。

绘制详细的供应链流程图，涵盖原材料采购、计划、生产、物流配送、销售等各个环节。采用精益生产、六西格玛等先进的管理方法和技术手段来优化流程，消除浪费，确保物流、信息流、资金流高效流动。建立风险识别、评估和应对机制，确保供应链的稳定性和持续性。例如，建立备份供应商体系、制订灾难恢复计划等。

（3）伙伴。

核心目标：构建稳定、可靠的供应链合作伙伴网络。

根据供应链战略和客户需求，评估并选择合适的供应商、物流服务提供商、分销商、支付机构等合作伙伴。与合作伙伴建立长期、互利的合作关系，共同应对市场变化和挑战。建立合作伙伴绩效评价体系，定期评估合作伙伴的表现，并根据评估结果进行必要的调整和优化。

（4）渠道/设施。

核心目标：优化供应链网络布局，确保快速响应客户需求。

根据产品特性和市场需求，合理规划和布局供应商地点、仓储和物流中心的位置，以缩短物流时间和降低运营成本。考虑交通便利性、成本效益、税收政策和客户分布等因素做出选址决策和数量决策。通过分析销售数据，优化分销网络布局，确保产品能够快速、高效地到达目标客户手中。同时考虑设施的柔性和可扩展性以应对未来变化。

（5）客户。

核心目标：确保供应链设计完全围绕客户的需求进行。

客户是需求的源头，也是努力的终点，所以，在设计供应链时，心中要装着客户，一切围绕客户，要对客户进行画像，然后根据客户画像设计公司的供应链。

客户的偏好、需求和购买行为是市场营销中的核心概念，对于设计有效的供应链至关重要。无论是面向消费者（To C）的企业，还是面向企业（To B）的企业，都需要通过市场调研和数据分析，深入了解客户的真实需求、期望和痛点，并以此为基础优化供应链，建立快速响应机制以满足客户的个性化需求。

通过5个要素（4P+C）对供应链进行梳理或重新设计，构建出一个完整且高效的供应链管理全景图，确保供应链更加贴近客户需求，提升整体运作效率和灵活性，从而为企业创造更大的竞争优势。

供应链"4P+C"模型提供了一个构建供应链战略顶层设计的框架。在供应链管理的实际应用中，企业可以根据自身情况灵活调整和优化这些要素以适应市场需求和变化。

1.4 产品：设计时就要考虑供应链

产品是供应链的载体，供应链的最终目标是将产品和服务送到客户手上，产品设计是供应链战略顶层设计中需要重点思考的问题之一。

供应链战略顶层设计是一个从上至下的过程，它涉及对整个供应链架构的规划和设计，直接影响供应链的结构和运作。以客户需求为导向进行产品规划和设计是供应链战略顶层设计中的核心环节。但是产品复杂，供应链就复杂，产品的复杂性往往会导致供应链的复杂性。所以，设计产品或产品组合时，既要以客户需求为导向，又要满足供应链管理便利的条件，要面向供应链而设计。

具体，我们可以从以下几个方面入手。

（1）设计易于生产和组装的产品。

在产品设计阶段，考虑产品的可制造性和可组装性。采用简化的设计，减少零部件种类和数量，以降低生产复杂性和成本。同时，确保产品易于组装和拆卸，以便于维修和回收。

（2）标准化和模块化设计。

采用标准化和模块化设计，使产品具有更高的通用性和互换性。这不仅可以降低生产成本和库存压力，还有助于提高供应链的灵活性和响应速度。同时，模块化设计还允许客户根据自己的需求选择和组合模块，以满足客户的个性化需求。

（3）考虑物流因素。

在产品设计过程中，考虑产品的尺寸、重量和包装等对物流的影响。设计紧凑、轻便且易于包装的产品，以降低运输成本和减少物流损耗。同时，合理规划产品的存储和配送网络，以确保产品能够及时、准确地送达客户手中。

（4）延迟差异化策略。

延迟差异化策略是一种有效的供应链管理方法。它的核心思想是将产品的差异化过程推迟到供应链的下游进行。这样，在上游生产过程中，我们可以采用大规模、标准化的生产方式，降低生产成本和复杂性。而在下游，根据客户的需求进行定制化的加工和组装，以满足客户的个性化需求。

这些内容构成了一个综合性的产品设计框架。遵循这个框架，企业可以设计符合市场需求且盈利的产品组合策略，设计差异化的产品特性以满足不同客户群体的需求。同时，针对产品生命周期的不同阶段，制定相应的供应链策略，并根据客户反馈和数据，不断优化和持续改进。

【案例】

苹果公司的 iPhone 模块化设计

苹果公司的 iPhone 产品设计是一个典范，它具体而微地展示了如何平衡客户需求与供应链管理便利性。

（1）设计易于生产和组装的产品。

iPhone 产品的外观设计简约，内部结构紧凑，这有助于降低生产过程中的复杂性和出错率。通过采用定制的螺丝和连接器，苹果公司减少了组装过程中所需的零部件种类，从而加快了生产线上的组装速度。

（2）标准化和模块化设计。

尽管每一代 iPhone 产品都有所改进和创新，但其基本的硬件组件（如处理器、摄像头模块、屏幕等）都是基于标准化设计，这使得供应商能够更容易地生产和供应这些部件。例如，摄像头模块，尽管每年都会进行技术升级，但模块化设计和接口保持了一定的一致性，简化了生产和维修过程。通过模块化设计，苹果公司能够在不同型号的 iPhone 产品之间共享相同的组件，这有助于降低库存成本并提高供应链的灵活性。

（3）考虑物流因素。

iPhone产品的包装设计经过精心优化，以确保在运输过程中最大限度地利用空间，降低物流成本。苹果公司在全球拥有高效的仓储和配送网络，通过先进的物流管理系统，能够实现快速响应和准时交付。

（4）延迟差异化策略。

通过在生产过程的最后阶段进行颜色和存储容量的定制，苹果公司能够满足客户的个性化需求，同时实现更高效的生产流程。这种策略减少了需要预先生产并储存大量不同配置产品的需求，降低了库存风险。实际上，苹果公司经常在其生产线上实施"最后一分钟"配置更改，以响应市场需求的变化，这显示了其供应链的灵活性和响应能力。

此外，我还想强调一点，那就是在产品设计过程中，跨部门的协作和沟通也非常重要。设计团队需要与市场营销团队、生产团队、物流团队、采购团队等紧密合作，共同确保产品设计的成功。通过跨部门的协作，可以及时发现和解决潜在的问题，确保产品设计既符合市场需求，又便于供应链管理，确保产品的"可采购性"和"可制造性"。很多采购人员都有这样的经历：供应商认为设计要求"非常苛刻"，生产、加工、装配费时费力，增加成本。这些问题完全可以通过优化设计来解决，实现降本增效。对于如何实现跨部门协同，本书会在第3章进行详细阐述。

1.5　流程：优化流程要聚焦客户需求

供应链流程设计是企业运营中的关键环节，旨在确保从原材料采购到产品最终送达客户手中的整个过程顺畅与高效。在供应链流程设计过程中，我们必须坚持以客户需求为导向，以提升客户满意度为终极目的。

1. 深入了解客户需求

客户的需求是供应链设计的出发点。我们需要通过多种途径（如市场调研、深度访谈以及销售数据分析）来精准捕捉客户的真实需求、期望和偏好。例如，有些客户可能偏好快速交付，而有些客户则更注重产品质量。了解这些差异有助于我们为不同类型的客户定制个性化的供应链解决方案。

2. 分析企业现状

差距分析是流程改善的动力，为改善提供方向和依据。在明确客户需求后，我们需要对企业当前的供需管理状况进行全面诊断，寻找与客户需求的差距。这包括评估供应链的可靠性、灵活性、成本效益等。通过识别现有流程中的瓶颈和问题，我们可以为后续的供应链优化提供有力的依据。

3. 明确供应链设计目标

结合客户需求和企业现状的差距，我们应设定明确、可衡量的供应链设计目标。这些目标包括提高交付速度、降低库存成本、增强供应链的柔韧性、提高供应链的响应速度等。要确保这些目标与企业的整体战略保持一致，实现企业的长期可持续发展。

4. 精细设计供应链流程

（1）物流流程：我们需要根据客户需求预测来合理规划库存和运输资源，确保产品能够在承诺的时间内准确送达。同时，提供多样化的配送选项，以满足客户不同的收货需求。通过实时跟踪订单状态，客户可以随时掌握货物的运输情况，从而增强客户的信任感。此外，简化退换货流程也是提升客户体验的关键一环。

（2）信息流流程：建立高效的信息沟通渠道是确保供应链顺畅运行的关键。我们需要及时向客户提供订单状态、物流更新等重要信息。同时，根据客户的偏好推送个性化的产品信息和促销活动，以提升客户的信息关注度和购买意愿。积极地收集并处理客户反馈，可以帮助我们及时发现问题并进行改进，从而提升客户满意度和忠诚度。

（3）资金流流程：在资金流方面，我们应提供多种支付方式，以满足不同客户的支付习惯。优化结算流程，缩短结算周期，可以确保客户资金的及时回笼。同时，提供清晰、透明的账单信息，帮助客户更好地管理财务。建立完善的风险管理和信用评估体系，则可以有效降低坏账风险，保障客户的资金安全。

5. 识别并解决冲突

在供应链流程设计中，可能会遇到与客户需求相冲突的情况。例如，客户可能期望获得更快的交付速度，但这可能会增加物流成本。在这种情况下，我们需要仔细分析冲突的原因和影响，并寻求最佳的解决方案来平衡各方利益。

6. 持续优化与改进

供应链流程设计并非一成不变。随着市场环境的变化和客户需求的演进，我们需要定期评估现有流程的运行效果，并根据评估结果进行必要的调整和优化。同时，鼓励员工提出创新性的改进建议，可以帮助我们不断提升供应链的整体性能和竞争力。

供应链流程设计是一个复杂而系统的工程，无论如何，都要以客户需求为导向，客户是供应链最终的服务对象，一定要让客户满意。

1.6 伙伴：要想选对供应商，先要了解客户

"一个好汉三个帮，一个篱笆三个桩。"任何一家公司都无法独自完成所有任务，都需要合作伙伴的支持。人们常说"不怕神一样的对手，就怕猪一样的队友""男怕入错行，女怕嫁错郎"，这些都深刻说明了选择合作伙伴的重要性。

选择合作伙伴是企业发展过程中的关键环节，它涉及多个方面的综合考量。以下列出了8个关键因素，并为每个因素提供了相应的评审方法，即通过观察合作伙伴的行为和获取的相关资料来进行评估。

（1）背景与信誉。

深入了解合作伙伴的历史背景、信誉及其在行业中的地位。

行为观察：关注其在业界的活动、参与的项目及公开言论。

所需资料：要求提供公司介绍、历史沿革、行业内的信誉评价及相关资质证书。

（2）经营状况与财务能力。

稳定的财务状况是项目持续进行的保障，评估其经济实力可避免资金问题导致的合作中断。

行为观察：考察其经营策略、市场拓展方式及供应链管理。

所需资料：审查近几年的财务报表、审计报告以及市场份额和销售增长率数据。

（3）文化与价值观。

相似的文化和价值观能促进彼此更紧密的合作关系，提高合作效率。

行为观察：了解其内部沟通、员工互动及对外部伙伴的态度。

所需资料：参阅企业文化手册，查看员工满意度调查和之前的文化融合案例。

（4）服务质量与合作历史。

良好的合作历史和口碑，预示着未来可能提供优质服务。

行为观察：考察其对客户的响应速度、问题解决效率及售后服务。

所需资料：收集客户评价、合作案例、服务流程文档和客户满意度调查结果。

（5）技术能力与创新能力。

强大的技术背景和创新能力是保持竞争力的核心。

行为观察：观察其研发团队的活跃度、技术更新频率及新技术投入。

所需资料：检查技术专利证书、研发投入统计和新产品/技术发布记录。

（6）客户导向与定制化能力。

能够满足并灵活应对客户需求，提供个性化解决方案。

行为观察：了解其如何收集、分析客户需求，并根据需求调整产品或服务。

所需资料：查看客户定制化案例、需求反馈机制和满意度提升计划。

（7）风险管理与应对能力。

具备完善的风险管理机制，能迅速应对挑战，确保项目顺利进行。

行为观察：观察其面对突发事件或挑战时的应对策略和效率。

所需资料：审查风险管理流程文档、历史风险应对案例和应急预案。

（8）合同条款与商业道德。

明确、公平的合同条款保护双方权益，商业道德和诚信记录也至关重要。

行为观察：注意其在商务谈判中的表现和对合同履行的态度。

所需资料：审查合同草案、商业道德准则和过往合同执行情况。

通过以上 8 个方面的综合考量，结合行为观察和所需资料的评审，企业能够更全面、客观地选择到合适的合作伙伴，为企业的长远发展奠定坚实基础。

1.7 渠道/设施：聚焦客户需求，布局供应链

在供应链管理中，紧密围绕客户需求来进行渠道/设施布局是至关重要的。以下是一份以客户为中心、精准布局供应链渠道/设施的实操指南。本指南旨在为企业提供一套实用、可操作的步骤，以帮助企业根据客户需求有针对性地布局供应商渠道/设施。

（1）客户需求分析与分类。

首先，应通过问卷调查、客户访谈和在线数据追踪，全面收集客户对产品质量、交货时间、价格等方面的具体要求。然后，利用数据分析工具整理和分析所收集到的信息，以识别不同客户群体的共同需求和差异需求。最后，根据这些需求特点，将客户细分为不同的类别，例如时间敏感型、价格敏感型和品质追求型等。

（2）供应渠道/设施布局。

对于时间敏感型客户，选择在靠近客户群的地理位置建立分销中心或仓库，以缩短运输时间。同时，与具备快速响应能力的供应商建立稳固的合作关系，确保供货的及时性。此外，应采用先进的物流管理系统，以实现订单处理、库存管理和配送的自动化。

对于价格敏感型客户，在成本较低的地区设立采购和生产基地，以降低生产成本。与能够提供批量折扣的供应商携手合作，从而降低采购

成本。同时，优化库存管理策略，以减少库存积压和不必要的浪费。

对于品质追求型客户，精选具有高品质生产能力的供应商，以确保产品质量的卓越性。建立一套严格的质量控制体系，定期对供应商的产品进行检测和评估。此外，在关键销售区域设立质量检测中心，以便快速响应客户的质量反馈和需求。

（3）设施布局实操。

在选择地理位置时，借助地理信息系统（GIS）深入分析客户分布情况，从而确定设施的最佳选址。在此过程中，应综合考虑交通便利性、物流成本以及地区政策等多重因素。

在确定设施的规模和类型时，根据客户需求和预期销售量来合理规划仓库、分销中心或生产设施的规模和类型。同时，要确保设施具备良好的可扩展性，以适应未来市场需求的变化和增长。

在对技术与系统选型时，选择适合的供应链管理系统，例如仓储管理系统（WMS）和运输管理系统（TMS）等，以提升管理效率。同时，积极引入物联网（IoT）技术，实现设施内的智能化管理和实时监控功能。

在选择供应商合作时，与符合客户需求的供应商建立长期稳定的合作关系，以确保供应链的可靠性和持续性。同时，构建完善的供应商评价和管理体系，定期评估供应商的性能表现，确保双方战略的一致性。

通过遵循以上实操步骤，企业能够根据不同客户群体的具体需求来精准地布局供应商渠道/设施。需要注意的是，在投资设施时要保持审慎态度，同时应根据市场变化和客户需求来灵活调整设施布局及供应商合作策略。

1.8 供应链重构，要不忘初心

在快速变化的市场环境中，供应链重构已成为企业持续发展的重要环节。那么，什么是供应链重构呢？简单来说，它指的是企业对现有的物流、信息流和资金流进行全面优化和调整，以适应市场的不断变化和外部环境的需求。这种重构可以是企业主动的战略选择，也可以是应对外部环境变化的被动举措。

主动重构往往源于企业对更高效、更灵活供应链的追求。降低成本、规避潜在风险、拓展海外市场或适应线上线下的业务转型，都可能是企业选择主动重构供应链的动因。例如，为了降低成本，企业可能会寻找劳动力成本更低的生产基地，或者优化物流路径以减少运输成本。为了规避潜在风险，企业可能会增加备选供应商，以应对单一供应商可能出现的问题。同时，随着企业业务的国际化或向线上销售的转型，也需要对供应链进行相应的调整，以满足新的市场需求。

然而，并非所有的供应链重构都是企业主动选择的。被动重构通常是由于外部环境的变化，如政策调整、自然灾害或供应链中断等不可预测的事件，迫使企业不得不进行供应链的快速调整。这些突发情况要求企业具备高度的灵活性和快速响应能力，以确保供应链的稳定性和业务的持续运营。

但无论是主动重构还是被动重构，企业都必须牢记一点：不要忘记"初心"。这里的"初心"，指的是企业最原始、最纯粹的目标和愿景。在供应链管理的语境下，"初心"就是始终以满足客户需求为出发点和落脚点。无论供应链如何变革，这一核心原则都不应动摇。

现代的供应链重构往往伴随着对合作伙伴、渠道/设施的重大变革，尤其是在地缘政治复杂性和供应链风险日益增加的背景下。但在这个过程中，许多企业可能会过于关注风险规避和成本控制，而忽略了客户的需求和体验。这种做法是危险的，因为客户的需求是企业存在和发展的基础。如果企业不能满足客户的需求，那么无论其供应链多么高效，成本多么低廉，都难以在市场中立足。

那么，如何在供应链重构中坚守"初心"，始终以客户需求为导向呢？以下是一些具体的建议。

首先，企业需要持续收集与分析客户的反馈。这可以通过市场调查、在线评价等方式实现。通过分析这些反馈，企业可以了解客户对当前供应链服务的满意度，以及他们对未来服务的期望。这样，企业就可以根据客户的需求来调整供应链策略，确保服务始终与客户的期望保持一致。

其次，企业在设计新的供应链网络时，应始终以客户为中心。这意味着，新的渠道和设施应能够更有效地满足客户的需求。例如，如果客户更看重快速的配送时间，那么企业在为新的物流中心选址时，就应优先考虑靠近主要客户群的位置。

再次，保持供应链的透明度和与客户的沟通也是至关重要的。在供应链重构过程中，企业应通过各种渠道定期向客户通报进展情况。这不仅可以减少客户的疑虑和不安，还能让客户感受到他们的需求和意见被企业所重视。

此外，企业还应构建一个能够快速调整以适应市场变化和客户需求的供应链。这包括能够快速增加或减少产能、调整配送路线等。同时，利用物联网、人工智能等先进技术来预测客户需求、优化库存管理、提高配送效率等，这些也是提升客户体验的有效途径。

最后，企业需要定期评估和调整供应链策略。供应链重构不是一次性的任务，而是一个持续的过程。在重构过程中，千万别忘了初心，要时刻把客户的需求放在首位。

1.9 Local for Local：供应链管理的基本法则

在全球化的大浪潮中，供应链作为连通生产、流通与消费的关键环节，其稳定与高效已成为企业持续发展的基石。但地缘政治的动荡、自然灾害的频发等因素，都为供应链的稳定性带来了前所未有的挑战。为了应对这些风险，跨国公司纷纷调整其供应链策略，其中，"China+1"与"Local for Local"（本地化生产，本地化销售）策略尤为引人注目。

"China+1"策略的核心是在保留中国这一重要生产基地的同时，向其他国家拓展生产线，以分散风险。这一策略虽能减少对单一市场的过度依赖，但同时也增加了管理的难度与成本。而"Local for Local"策略则更侧重于在目标市场当地进行生产与销售，力求更精准地满足当地客户的需求。这一策略不仅显著降低物流成本、加快响应速度，还能更好地融入当地的市场文化与消费习惯。

对于中国这个世界第二大经济体来说，"Local for Local"策略尤为重要。中国市场规模庞大、多样性丰富，消费者的需求与偏好也独具特色。因此，众多跨国公司选择了"in China for China"（在中国，为中国）的策略，强调供应链管理的本土化，甚至将研发等环节也迁移至中国。这种本土化策略不仅让企业更迅速地应对市场变化，还帮助它们更深入地理解当地消费者的真实需求与偏好，从而开发出更贴合市场的产品与服务。

从"Local for Local"策略中，我们可以深刻领会到供应链管理的一条基本法则：以客户需求为导向。这既是供应链管理的核心所在，也是企业在制定供应链策略时必须坚守的原则。无论供应链如何调整优化，其终极目标都是更好地满足客户的多样化需求。

当然，"Local for Local"并非放之四海而皆准的万能策略。在其实施过程中，企业可能会面临地区文化差异、法律法规冲突以及供应链管理本身的复杂性等挑战。同时，企业在采纳这一策略时，还需全面考虑当地市场的规模、竞争态势、生产成本以及政治经济环境等诸多因素。

同样地，对于走出国门、进军国际市场的中国企业而言，本土化策略同样关键。这不仅有助于企业更顺畅地融入当地市场、降低运营风险，还能让企业更深入地了解当地消费者的需求与偏好，从而推出更具针对性的产品与服务。

由此可见，"Local for Local"策略所体现的客户需求导向原则，无疑为企业在全球化背景下制定有效的供应链策略提供了重要指引。在未来的供应链管理中，企业需更加注重本土化策略的运用与调整，以灵活应对多变的市场环境并实现持续稳健的发展。

1.10　出海供应链，向海尔、小米学什么

在全球化的大背景下，很多企业已经出海，很多企业跃跃欲试。要知道出海不是出口，出口仅仅是将货物出口到国外，而出海则需要在海外构建供应链。这不仅要求企业在海外建厂、寻找当地供应商，甚至还要融入当地文化，从产品开发到企业运营，从里到外，都要变成一家地地道道的本土企业，既要满足当地客户的要求，又要满足当地政府的要求。这对于那些没有出海经验的企业，意味着将面临前所未有的机遇与挑战。

为了在全球市场中立足并打造竞争优势，企业须构建一个高效、稳定、可靠的供应链体系。在这一过程中，"4P+C"模型为我们提供了一个有力的指导框架。

接下来，我们将深入探讨海尔和小米如何利用"4P+C"模型来解构和重构它们的出海供应链，以及它们在这一过程中所面临的挑战和取得的成就。

【案例 1】

海尔利用"4P+C"模型,布局全球化供应链

(1)产品。

在泰国市场,海尔深入洞察当地消费者的需求,并针对性地进行了产品创新。例如,海尔发现泰国消费者对于能够制作沙冰的冰箱有独特需求,于是研发了可以制作爽口沙冰的T门冰箱,这一创新产品迅速抓住了当地市场。另外,考虑到泰国潮湿的环境,海尔特别设计了"会洗澡"的空调,这种空调具有自清洁功能,有效解决了空调内部霉菌滋生的问题,深受泰国消费者喜爱。

(2)流程。

为了优化生产流程,海尔在泰国建立了智能制造基地。该基地引入了先进的物联网技术,实现了生产线的自动化和智能化。例如,在冰箱生产线上,通过引入机器人和传感器技术,实现了精准的组装和质量控制。这一创新流程不仅提高了生产效率,还降低了人为错误率,从而确保了产品品质。

(3)伙伴。

海尔与泰国当地的供应商建立了紧密的合作关系。例如,为了获取高质量的压缩机,海尔与泰国一家知名压缩机供应商达成了长期合作协议。这种合作模式确保了海尔能够稳定获取关键零部件,并保障了产品的性能和品质。同时,通过与当地分销商的合作,海尔的产品能够迅速覆盖泰国市场。

(4)渠道/设施。

在泰国,海尔设立了多个销售中心和售后服务点,以便更好地服务当地消费者。这些销售中心不仅提供了产品展示和销售的功能,还为消

费者提供了便捷的售后服务。此外，海尔还在泰国建立了现代化的物流配送中心，确保产品能够快速、准确地送达消费者手中。

（5）客户。

为了更好地满足泰国消费者的需求，海尔开展了深入的市场调研。例如，通过问卷调查和线上社区互动等方式，海尔了解到泰国消费者对节能环保型家电的偏好。基于此，海尔推出了一系列节能型家电产品，并提供了个性化的节能解决方案。这些举措不仅提升了海尔在泰国市场的竞争力，还赢得了消费者的广泛赞誉。

【案例2】

小米利用"4P+C"模型，布局印度市场供应链

小米作为一家以互联网思维为核心的科技企业，在出海过程中也展现出了其独特的供应链管理模式。以下以小米进入印度市场为例，看看它是如何布局供应链的。

（1）产品。

注重本地化定制：小米针对印度消费者的独特需求，对手机产品进行了深度本地化定制。例如，优化摄像头算法以适应印度人的肤色，增加更多印度本地语言的支持等，以提供符合当地消费者使用习惯的产品体验。同时，注重产品线多样化，小米在印度市场推出了多款Redmi系列手机，覆盖了不同价格段和功能需求的用户。

（2）流程。

采用互联网营销与预售模式：小米利用社交媒体、官方网站和电商平台进行预售活动，通过精准营销提前锁定消费者需求。这种方式不仅有效降低了库存风险，还通过制造"饥饿感"提升了品牌关注度。例如，

小米在印度市场通过Flipkart等电商平台进行限量预售,每次预售都引发抢购热潮。

(3)伙伴。

与供应商合作:小米与全球领先的供应商建立长期合作关系,确保原材料供应的稳定性和质量。同时,小米还积极寻求与印度本地供应商的合作机会,以降低成本,并提升供应链的本地化水平,以更好地获取当地政府支持。

与渠道伙伴合作:小米与印度当地的电信运营商、电商平台和零售商建立紧密合作关系。这些渠道伙伴为小米提供了广泛的销售网络和售后服务支持,有助于小米快速扩大市场份额并提升品牌影响力。

(4)渠道/设施。

线上线下结合:小米在印度市场采取了线上线下相结合的销售策略。线上方面,小米通过官方网站和电商平台进行在线销售;线下方面,小米在印度开设了多家小米之家和合作门店,提供产品体验和售后服务。这种全渠道布局策略有助于小米更好地覆盖印度市场并提升消费者购物体验。

本地化仓储与配送:小米在印度建立了多个仓储中心,采用本地化仓储和配送策略以减少运输成本和时间。这些仓储中心根据市场需求进行灵活调配,确保产品能够快速送达消费者手中。

(5)客户。

客户需求导向:小米注重倾听印度消费者的声音和需求反馈,不断优化产品设计和服务流程以满足客户需求。例如,小米针对印度消费者的使用习惯对手机产品进行了深度定制和优化。

社群营销与粉丝经济:小米在印度市场建立了庞大的用户社群和粉丝群体。通过社群营销和粉丝经济策略,小米能够与消费者建立更紧密的联系并提升品牌忠诚度。同时，小米还通过社交媒体等平台与消费者进行互动和交流，收集用户反馈并用于产品改进和服务优化。

从上面两个案例可以看到，海尔和小米两家公司都充分利用了"4P+C"模型来重构它们的出海供应链，并取得了显著的成功。

1.11　跨境电商：基于"4P+C"模型，重构供应链

跨境电商在供应链构建上与普通公司存在显著的差异，需要应对物流、海关、语言文化、供应商、支付、售后服务、数据安全、库存管理、成本控制和供应链稳定性等多方面的挑战。

以下是关于希音公司（SHEIN）如何利用"4P+C"模型布局跨境电商供应链，并着重体现"跨境"和"电商"两个特点，同时提供更多具体操作细节的详细案例。

【案例】🛒

希音公司利用"4P+C"模型，布局跨境电商供应链

（1）产品。

跨境时尚潮流捕捉与快速响应：

希音公司的产品线广泛覆盖女装、男装、童装、鞋包配饰等多个品类，特别注重时尚女装的打造。为实现跨境时尚潮流的快速捕捉，希音公司建立了专门的数据分析团队，实时追踪全球时尚趋势和社交媒体上的热门话题，确保产品紧跟跨境时尚潮流。

在电商平台上，希音公司利用算法推荐和个性化营销，将时尚新品迅速推送给全球消费者。为实现这一点，希音公司与电商平台合作，利

用平台提供的用户数据和分析工具，精准定位目标消费者，实现产品的个性化推荐。

（2）流程。

跨境敏捷供应链打造与数字化管理：

希音公司通过"小单快返"模式，实现了跨境供应链的敏捷性。具体操作为：首单生产量小，根据市场反馈快速调整生产计划。同时，希音公司利用数字化系统对供应链进行精细管理，实现了生产过程的实时跟踪和库存的精准控制。

在跨境物流方面，希音公司与多家国际物流公司建立合作关系，实现了物流信息的实时共享和追踪。同时，希音公司还利用海外仓和中转仓等模式，加快了当地配送和订单执行的时效性。

（3）伙伴。

全球跨境供应商网络与合作深化：

希音公司与全球众多供应商建立了紧密的合作关系，形成了一个庞大的跨境供应商网络。为实现与供应商的深度合作，希音公司定期与供应商进行沟通和交流，共同解决生产过程中的问题，提高产品质量和生产效率。

希音公司还致力于推动供应商的数字化升级和精益生产。为此，希音公司为供应商提供数字化培训和技术支持，帮助其提高生产效率和产品质量。同时，希音公司还与供应商共同研发新产品，实现产品的创新和升级。

（4）渠道/设施。

跨境物流优化与全球化布局实施：

希音公司在全球多个地区建立了仓储和物流中心，形成了覆盖全球的物流网络。为实现跨境物流的优化，希音公司与多家国际物流公司合作，实现了物流资源的共享和优化配置。同时，希音公司还利用先进的物流管理系统，实现了物流过程的可视化和智能化。

在电商平台方面，希音公司与多个主流电商平台建立了合作关系，实现了产品的广泛覆盖和快速销售。同时，希音公司还利用自己的官方网站和社交媒体平台，进行品牌宣传和产品推广。

（5）客户。

跨境个性化服务与品牌忠诚度提升：

希音公司注重跨境客户体验的提升，通过算法推荐、社交媒体营销等方式实现个性化服务。为实现这一点，希音公司利用大数据分析技术，对消费者的购买行为和偏好进行深入挖掘和分析，为消费者提供个性化的产品推荐和服务。

希音公司还通过建立会员制度、提供跨境退换货服务等措施，增强了跨境客户的忠诚度和满意度。同时，希音公司还积极与全球KOL合作，通过社交媒体推广品牌和产品，提高了跨境品牌知名度和曝光度。

针对跨境电商面临的物流延迟与不确定性、海关限制与贸易壁垒、语言与文化差异等难题，除了在海外建立仓储和物流中心、利用先进的物流管理系统实现物流资源优化配置，希音公司还采取了以下措施。

（1）确保合规运营。

密切关注各国海关政策和贸易壁垒的变化，及时调整报关策略和产品组合以确保合规运营；与专业的跨境电商服务机构合作，获取最新的海关政策和贸易壁垒信息；对员工进行跨境电商合规培训，提高员工的合规意识和操作能力。

（2）推动本地化运营。

针对不同市场的消费者偏好和文化背景进行产品本地化和营销策略调整；与当地的文化机构和时尚达人合作，了解当地消费者的需求和偏好;在电商平台上设置多语言选项和多种货币结算方式,方便不同国家和地区的消费者购买。

希音公司通过综合运用"4P+C"模型成功布局了跨境电商供应链并有效解决了相关难题。其成功的关键在于对跨境消费者需求的精准把握、跨境敏捷供应链的打造、全球跨境供应商网络的建立、全球化布局的跨境物流优化以及跨境个性化服务的提供。同时,希音公司还注重合规运营和本地化运营的实施,以确保在跨境电商领域的持续发展和竞争优势。

1.12 创新创业企业如何搭建供应链

创新创业企业在构建供应链时,无疑会面临多种挑战。这些挑战可能源于其产品的高度创新性,导致没有现成的供应商资源;也可能源于没有足够的需求量做支撑,导致供应商的合作意愿不强。然而,借助"4P+C"模型,仍然可以找到突破口。

(1)产品。

面对产品的高度创新性和供应商的合作意愿不强的难题,创新创业企业要在市场调研的基础上,将自己对产品的理解、市场的前瞻分析和独特洞察分享给供应商,并描绘企业发展愿景。通过与高校和研究机构紧密合作,进一步提升产品技术含量,从而增强供应商的合作信心。

以苹果公司为例,它在打造 iPod 产品时,深入了解了消费者的音乐播放需求,设计出独特且用户友好的界面和功能,并采用高质量的音频编解码技术确保音质出色,这使得 iPod 产品迅速受到消费者喜爱。

(2)流程。

在优化供应链流程时,创新创业企业要特别重视物流、信息流和资金流。例如,通过与专业的第三方物流企业合作,可以利用其规模化、专业化优势;还可以利用共享物流平台,与其他企业共享物流资源,实现低成本的物流配送。在信息流方面,我的观点是,不要照搬成熟公司的管理模式,切记管理水平不能"大于"业务水平,即不能让"管理"变成"管控",让"走流程"影响正常业务开展。要简化工作流程,以效率为先,速度为王;要利用云计算和SaaS服务软件,用最低的成本快速搭建起基本的数字化平台,提升信息传递的实时性和准确性。

对于创新创业企业而言,资金流问题尤为关键。为了解决资金困难,一些创新创业企业通常会寻求外部投资,如风险投资或天使投资,来补充运营资金。另外,它们还会通过优化库存管理,减少不必要的库存积压,从而加速资金回笼。精细化的预算管理和成本控制也是关键,确保每一分钱都用在刀刃上。

(3)伙伴。

针对供应商合作中的价格高和技术跟不上的问题,企业可以通过联合其他小企业进行集中采购和签订长期合作协议,降低采购成本。同时,对供应商进行技术转移和培训,以及建立共同研发机制,确保供应商的技术能力能够满足企业的创新需求。

例如,面对供应商合作意愿不强的问题,作为大型创新企业,海尔集团采取了多种措施。首先,它通过长期合同和稳定订单来激励供应商,确保双方的利益绑定。海尔集团还设立了供应商评价系统,对表现优秀的供应商给予奖励,从而增强供应商的合作意愿。在技术合作方面,海尔集团提供技术支持和培训,帮助供应商提升技术水平,以满足海尔集团的高标准要求。

这里,我们不得不提小米公司创始人雷军的案例。在小米初创阶段,寻找屏幕供应商成了一大挑战。夏普,作为一家知名的屏幕供应商,成了小米的目标合作对象。雷军通过多种渠道联系到夏普高层，并决定亲自前往日本拜访。值得一提的是，这次拜访正值日本大地震后，核泄漏导致存在核辐射的风险，但雷军仍决定前往，显示了极大的诚意。最终，夏普被雷军的诚意所打动，决定全力支持小米手机的屏幕供应。这个案例不仅展示了企业家在创业过程中的拼搏精神，也彰显了选择合适合作伙伴的重要性。

（4）渠道/设施。

创新创业企业，面对资金和资源的限制，精心选择与自身业务匹配的专业的第三方物流服务商合作，最大化利用其成熟的物流网络、渠道和设施，高效配送自己的产品和服务，也可以探索与其他企业共享物流资源，如共同租赁仓库、拼车运输，最大化实现"共享经济"，降低单个企业的物流成本。

京东商城，包括现在很多电商平台，在初创阶段，都面临渠道和物流设施不完善的问题。为了解决这一问题，它们积极与各大物流公司建立合作关系，确保商品能够快速准确地送达消费者手中。后来，京东还通过重资产投入，自建了一系列现代化的仓储和配送中心，通过先进的物流管理系统，实现了高效的库存管理和配送服务，成为京东差异化的竞争优势。

（5）客户。

创新创业企业在发展过程中，往往面临资源有限的挑战，这使得它们在市场调研和客户需求分析方面难以投入大量资金。同时，由于缺乏市场经验，这些企业在判断客户需求的真实性和紧迫性时可能感到困难，尤其是在新产品或服务推向市场时，客户需求的不确定性更是增加了其运营的难度。

为了应对这些挑战，创新创业企业可以采用一些低成本的策略来收集客户反馈。例如，通过在线调查和社交媒体互动等方式，可以有效地了解客户需求。此外，与高校、研究机构或行业内的合作伙伴共享资源，也是降低调研成本的有效途径。如今，许多企业通过抖音等短视频平台进行营销和与客户互动，实现了低成本运营。例如，2024年，许多企业的创始人或领头人亲自上阵，通过网络和社交媒体迅速成为网红，为自己的产品代言。汽车行业中的小米SU7、华为问界、特斯拉等创新企业的产品，都是通过网络进行低成本营销，迅速被大众熟知，而传统车企即使花费巨额广告费用，也可能无法达到这样的效果。

此外，创新创业企业还可以通过参加行业研讨会、与其他初创企业交流以及聘请市场专家等方式，不断积累和学习经验。在这个过程中，大胆试错并从中汲取教训，快速迭代、持续改进，这样企业才能更好地把握客户的需求。

总之，创新创业企业要将资源集中投放在自己的核心能力上，借助"4P+C"模型，通过借力、借势，最大化利用外部成熟资源，构建自己的供应链网络。

1.13 "既要，又要，还要"是错误的

一切以客户需求为导向，并不是满足客户的一切需求，也不是满足一切客户的需求，一定要有所为，有所不为，要对客户进行需求管理，还要学会选择客户。

在供应链管理中，客户通常既要更快的交货速度，又要更高的产品质量，还要更低的成本。然而，这三个核心目标往往相互制约，难以同时实现。这类似于国际经济学中"三元悖论"⊖或"不可能三角"，我们可

⊖ 三元悖论是指在开放经济条件下，本国货币政策的独立性、汇率的稳定性、资本的完全流动性不能同时出现，最多只能实现其中两个。

以称之为"供应链三元悖论"。

这三个目标构成了一个三角形的三个顶点，象征着供应链优化过程中的三个主要方向。然而，企业在尝试同时追求这三个目标时，往往会发现它们之间存在着难以调和的矛盾。

具体来说，企业若追求更快的交货速度，可能需要牺牲一部分产品质量检测的时间，或者增加运输和库存成本，这与追求更高产品质量和更低成本的目标相冲突。同样，如果企业强调产品质量至上，那么可能需要更长的生产周期和更精细的检测流程，这无疑会影响交货速度并可能增加成本。而当企业把降低成本作为首要目标时，可能会选择价格较低的原材料或简化生产工艺，这样做又可能影响到产品质量和交货速度。

企业在这三者之间摇摆不定，试图找到一个平衡点，但往往效果不佳。这是因为，企业资源有限，同时追求多个目标会导致资源分散，目标模糊，无法集中力量实现任何一个目标的最优化。

认识"供应链三元悖论"，并不是要否定这些目标的价值，而是提醒企业在制定供应链管理策略时，需要根据自身情况、市场需求以及竞争态势，理性地在三者之间做出权衡和选择，明确优先级，集中有限资源实现关键目标的最优化。

具体应该怎么做呢？又如何构建以客户需求为导向的差异化供应链呢？

（1）客户需求的精准把握。

企业需要通过市场调研、数据分析等手段，精准把握客户的偏好、需求和购买行为。这包括客户的品牌偏好、产品功能需求、价格敏感度、交付时间要求等方面。通过深入了解客户，企业可以更好地满足客户的个性化需求，提高客户满意度和忠诚度。

（2）客户类型的划分与策略制定。

在了解客户需求的基础上，企业需要将客户划分为不同的类型，如高端奢侈品消费者、价格敏感型大众消费者、年轻时尚追随者、环保和健康意识强的消费者等。针对不同类型的客户，企业需要制定不同的供应链管理策略。例如，对于高端奢侈品消费者，企业需要注重产品的独特性和高品质，提供个性化的售前咨询和售后服务；对于价格敏感型大众消费者，企业需要注重成本控制，提供性价比高的标准化产品。

（3）企业客户怎样做？怎样实现差异化策略？

除了面向终端消费者的差异化策略，企业还需要针对企业客户制定差异化的供应链管理策略。企业客户的需求和偏好往往更加复杂和多样化，因此企业需要深入了解企业客户的行业特点、业务模式、采购习惯等信息，并根据这些信息制定符合企业客户需求的供应链管理策略。例如，对于成本效益型企业客户，企业需要提供具有竞争力的定价策略；对于品质导向型企业客户，企业需要严格把控产品质量和生产流程；对于创新驱动型企业客户，企业需要加强与研发团队的沟通协作，快速响应创新需求。

（4）供应链的协同与整合。

构建客户导向的差异化供应链需要企业加强供应链的协同与整合。这包括与供应商、分销商等合作伙伴建立紧密的合作关系，共同制定供应链管理策略；通过信息共享、风险共担等方式促进供应链的协同和整合；利用先进的信息技术和数据分析工具提高供应链的透明度和可预测性。

总之，打造与客户需求相匹配的差异化供应链，是企业提升竞争力和市场地位的关键。未来随着科技的进步和市场的变化，供应链管理将面临更多的挑战和机遇，企业需要不断学习新知识、掌握新技术、探索新模式以适应不断变化的市场环境。追求创新时，还要保持差异化，体现"我和别人不一样"，增加"辨识度"。当然，不是为了差异化而差异化，而是要聚焦满足客户某一个方面的需求，将其做到极致从而带来差异化。

1.14 供应商的优化大于料号的优化

前面提到"产品复杂，供应链就复杂"。在供应链管理语境中，我们可以把"产品"细化为"料号"（Part Number）或称产品种类。

料号，也称为物料编号，是用于标识和区分不同物料的代码。每一个独特的料号通常代表了一个特定的物料、部件或产品。料号多意味着产品种类繁杂，每种产品都需单独管理库存、采购、生产、物流和信息系统，这自然增加了供应链的管理复杂性和难度。

所以，在产品设计过程中，要考虑设计对供应链的影响，要通过标准化和模块化的设计来降低产品复杂度。然而，我发现，在实际工作中，在某些情况下，供应商的优化甚至比料号的优化更为重要，这是很多企业没有意识到的。许多公司由于各种原因频繁更换供应商，或者拥有大量供应商，甚至包括许多长期没有交易的供应商，这些都极大地增加了供应链管理的复杂度。

【案例】

供应链优化之旅，从料号精简到供应商整合

1. 背景

制造企业 A 长期致力于通过标准化和减少料号数量来提升生产效率。然而，在追求料号优化的过程中，企业 A 却忽视了供应商管理的重要性。虽然料号得到了有效精简,但供应商众多且质量水平不一,这直接导致了采购效率低下、质量波动较大等一系列问题。

2. 问题剖析

频繁更换供应商:为了追求短期的价格优势,企业 A 经常更换供应商。这种做法不仅增加了与新供应商的磨合成本,还隐藏着潜在的质量风险。每次供应商的更替都需要进行新的质量验证和技术交流,这无疑增加了企业的运营和时间成本。

供应商数量庞大:由于缺乏有效的供应商整合策略,企业 A 合作的供应商数量庞大。这不仅增加了管理的复杂性,而且采购活动分散,难以形成规模效应,从而影响了采购效率。

缺乏稳定的合作关系:企业 A 与供应商之间未能建立起长期稳定的合作关系。这导致供应商缺乏为企业 A 进行特定技术改进或产能提升的动力。同时,企业 A 也难以获得供应商的持续支持和服务。

3. 解决方案与实施

供应商整合:企业 A 对现有供应商进行了全面的评估和筛选,选择出综合实力强、质量稳定的供应商作为长期合作伙伴。通过减少供应商数量,提高了采购的集中度,进而降低了管理成本。

建立稳定合作关系:与经过筛选的供应商签订长期合同,并明确双方的权利和义务。通过共同制订改进计划和供应商帮扶措施,促进了供应商的持续改进和提升。这不仅提高了产品质量和交货期的稳定性,还有效降低了采购成本。

策略性采购:企业 A 摒弃了传统的招投标和货比三家的采购方式,转而采用更具策略性的采购方法。例如,通过集中采购和联合采购来提高采购效率,并与供应商建立战略合作关系,以确保供应的稳定性和价格优势。

4. 显著成效

经过一系列优化措施的实施，企业 A 取得了令人瞩目的成果。

- 供应商数量从 353 家成功减少到 298 家，实现了更有效的供应商管理。
- 优质供应商的合作周期从平均 12 个月延长到 3 年以上，建立了稳定的供应链合作关系。
- 采购成本降低了 12%，显著提升了企业的盈利能力。
- 产品质量合格率从 93% 提升至 99%，大幅减少了质量问题和客户投诉。
- 交货准时率也从 85% 提升至 97%，提高了客户满意度和市场竞争力。

这是我为其提供过咨询服务的一家公司的真实案例，通过本案例，我们不难看出，在供应链管理中，供应商的优化至关重要，其重要性甚至超越了单纯的料号优化。这些成果的取得，得益于与优质供应商的长期合作，得益于供应商的持续改进。

1.15 构建从战略到执行的供应链业务框架

在当今高度竞争的商业环境中，构建一个从战略到执行的供应链业务框架显得尤为关键。这一框架的核心目标是确保企业能够精准响应市场需求，提供卓越的产品与服务，同时维持成本效益与运营灵活性。结合"4P+C"模型与"OPPT"模型，我们可以构建一个既具战略高度又具备操作性的供应链业务框架。

1. 用"4P+C"模型构建供应链业务框架

从战略到规划,再到执行的全过程,可以用"4P+C"模型构建供应链业务框架。

(1)战略层。

在战略层面,企业需明确产品规划与客户需求,并针对不同客户制定差异化竞争策略。产品规划需要涵盖产品定位、种类选择及生命周期管理,旨在提供满足市场需求且具备竞争力的产品。客户需求分析则要求深入了解目标市场的消费者偏好、需求变化及服务期望,从而设定相应的服务水平和客户满意度目标,不追求既要、又要、还要。差异化竞争策略的制定,需考虑不同客户群体的独特需求,通过定制化产品、服务或解决方案来实现市场区隔。

(2)规划层。

规划层面需要关注流程设计、合作伙伴选择、渠道/设施的布局,并全面体现"4P+C"模型。流程设计应优化供应链管理的各个环节,包括采购、生产、物流、销售和逆向物流(从客户到供应商),以提高效率、降低成本并管理风险。合作伙伴的选择需全面评估潜在供应商、生产商、物流商和销售商的能力和绩效,选择与战略目标相契合的合作伙伴,并建立长期稳定的合作关系。渠道/设施的布局需综合考虑成本、风险和市场接近度,确定生产、仓储和分销设施的最佳位置,以实现快速响应和成本效益的平衡。在这一层面,渠道/设施的选择和布局也至关重要,它们直接影响到产品如何高效地送达客户手中。

(3)执行层。

在执行层面,重点在于实现供应链协同、绩效监控与改进以及风险管理,同时确保组织之间的高效协同和供需之间的精准对接。供应链协同要求建立跨职能团队，促进内部协同和信息共享，支持决策和执行过程的系统集成。绩效监控与改进需设定供应链绩效指标，实施绩效监控和报告系统以定期评估供应链绩效，并持续优化。风险管理则需识别供应链中的潜在风险，制定风险缓解策略和应急预案。组织之间的高效协同要求不同组织之间紧密合作，确保信息流畅和快速响应。供需之间的精准对接则通过先进的预测与分析技术，实现生产与需求的无缝匹配。为了实现端到端的供应链优化，执行层还需要确保从原材料采购到最终产品交付的每一个环节都高效运作，减少浪费。

2. 用"OPPT"模型支撑战略落地

为了支撑战略的落地，我构建了一个"OPPT"模型，即组织（Organization）保障、流程（Process）保障、人员（Personnel）保障和技术（Technology）保障。这"四种保障"是确保战略落地的底座。

（1）组织保障。

组织是管理的载体，企业需要通过组织架构来确保各项工作任务的落地执行，所以企业应该致力于建立以客户为中心的组织架构，确保各部门和团队都能深入理解和迅速响应客户的需求。为此，无论大公司，还是小公司，都应该设置专门的客户服务团队，并将客户需求纳入各部门的关键绩效指标，以强化全员对客户需求的关注。同时，企业应该通过各种工作机制，来促进跨部门之间的紧密协作，打破部门壁垒、拉通信息流，实现资源共享和优势互补。

（2）流程保障。

流程保证质量，好的流程，才有好的质量。在流程方面，企业应该不断优化需求预测与计划流程，建立准确的需求预测模型，以便提前规划生产、库存和物流。同时，企业要简化订单处理、生产和配送流程，以提高响应速度。为了更好地满足客户需求，企业还要建立有效的客户反馈循环，以便及时调整供应链策略。此外，企业应该注重端到端的流程优化，确保供应链各环节之间的顺畅衔接，提高整体运营效率。

（3）人员保障。

尽管技术在供应链管理中发挥越来越大的作用，但最终起决定作用的还是人，是人在决策、人在执行。所以，在人员方面，企业应该建立胜任力模型，为员工提供持续的培训和发展机会，以提升他们的技能和认知水平。同时，要建立与客户满意度挂钩的激励机制，鼓励员工主动提升服务质量和响应速度。企业要相信，只有员工具备了足够的专业能力和服务意识，才能更好地完成任务，满足客户需求。

（4）技术保障。

数字化技术扑面而来，正以意想不到的速度改变着一切。在技术方面，企业应该积极引入先进的供应链管理系统，以实现数据集成和实时共享。同时，要利用自动化和人工智能技术优化生产、库存和物流环节，提高运营效率和准确性。为了更好地跟踪客户需求并提供个性化服务，企业还需部署客户关系管理系统。此外，运用大数据分析和预测技术，可以发现潜在的优化点和风险点，为供应链的持续改进提供有力支持。技术是工具，也可以说，谁先掌握先进的技术，谁就拥有了未来。

可见，通过综合优化"OPPT"模型的四种保障并结合"4P+C"模型构建的供应链业务框架，企业可以打造一个更加灵活、高效且以客户为中心的供应链体系，从而提升其整体竞争力和市场地位。

本章小结
员工的执行力，不是为了上级

此刻，让我们再次回顾一下开篇提到的那个问题："公司里，大家应该听谁的？"

这个问题看似简单，实则内涵丰富，意味深长。

在企业运营中，员工的执行力是确保高效运转的关键。然而，执行力不协同却成为企业发展的一大难题。员工往往只关注领导的指示，而忽略了与供应链其他参与方之间的沟通和协作，导致供应链运作不顺畅，甚至可能引发严重后果。

为了避免这些问题，企业需要从供应链管理的角度出发，对员工执行力进行统一要求。加强内部沟通，确保信息共享和资源协同；建立以客户为中心的供应链文化，将客户需求和满意度作为衡量标准；同时，培训和引导员工，提高他们的协同意识和能力。

民营企业在这一方面的经验值得借鉴。这些创业的老板们，深知客户的重要性，监督所有人都必须紧密关注客户需求，竭尽全力满足客户期望。

然而，随着企业规模的扩大，一些企业逐渐忘记了初心，为了合规而增加了控制手段，导致流程变长、效率变低。此时，企业需要静下心来思考：我们的初心是什么？如何构建供应链的顶层设计，让大企业也能像小企业一样高效灵活？

总之，员工的执行力不应仅仅为了上级，而应为了整个供应链的协同和客户的满意。不忘初心，方得始终。

附：供应链管理能力自我评估问卷

请你根据贵公司实际情况，对每个问题给予1到5分的评分，其中1分代表非常差，5分代表非常好。

（1）客户。

你认为目前客户对我们的供应链服务的满意度如何？

我们的供应链的响应速度和客户服务水平是否达到了你的期望？

（2）产品。

你如何评价我们的产品质量？

在产品开发和创新方面，你认为我们的供应链的表现如何？

（3）流程。

你如何评价供应链中生产、采购、物流等流程的效率？

在流程稳定性和应对突发情况的能力方面，你打几分？

（4）伙伴。

你认为我们与供应商的合作顺畅程度如何？

对于分销商和零售商对我们的产品和供应链的服务满意度，你打几分？

（5）渠道/设施。

你如何评价我们的分销渠道效率和覆盖范围？

对于生产设施、仓储设施和物流设施的布局与利用，你打几分？

（6）综合评估。

综合考虑以上各方面，你认为我们的供应链的整体表现如何？

Chapter 2
第 2 章

抓住信息流：
供应链管理事半功倍

导　语

核心观点："信息流问题解决了，供应链问题就解决了一半"，这是本书的核心观点。"下面千条线，上面一根针"，这根针就是信息流，千条线就是供应链的各个环节。用信息流将供应链各个环节的各项工作"穿"起来、"串"起来。管理要抓"牛鼻子"，信息流就是供应链管理的"牛鼻子"，抓住信息流，供应链管理事半功倍。

公司最大的信息流就是客户的需求信息，所有活动和决策都应该紧紧围绕它。决策依据信息，信息质量是供应链管理的生命。信息质量的标准是全、真、精、新，信息流问题解决了的标志是，不同的人在同一时间使用的是同一个版本的信息。

2.1 宾馆入住的尴尬：信息流断裂的代价

在繁忙的商务旅途中，宾馆入住本应是一段温馨而备受期待的时光。然而，我却因一次入住经历，深刻体会到了信息流断裂带来的尴尬与无奈。

那天，我拖着行李，满怀期待地步入宾馆大堂，期待着能够迅速入住，洗去旅途的疲惫。然而，前台服务员的微笑并没有带来我期待中的结果。我拿出身份证，她查了半天，然后礼貌地告诉我，系统里没有我的预订记录。我愣住了，迅速掏出手机查看我的助理发来的预订信息，确认无误后，我又报出了助理的名字，我猜，可能是以助理名字登记的。然而，前台服务员依旧摇头，表示没有找到相关记录。我又报出了对接公司的名字，也没有查到。前台服务员问我，到底是谁订的房？

我焦急地拨打助理的电话，内心多少有点埋怨。助理告诉我，她是与客户对接人员联系的，对接人员会马上与宾馆联系并确认。电话在不断地响起，我在不断地解释，而时间却在一分一秒地流逝。在整个过程中，前台服务员都是一脸茫然，显然她也无法理解这个混乱的预订过程。那一刻，我感受到了从未有过的尴尬与无奈。

又过了好半天，宾馆销售人员给前台服务员打电话了。原来，对接人员根据公司规定，需要将预订信息转交给自己公司的行政人员。而行政人员在与宾馆销售人员沟通时，并未明确告知入住人的名字，甚至连入住人公司和订房人公司的名字也没有提及。

我能够想象到，那一刻，宾馆销售人员可能只是匆匆地记下了需要几个房间，并告诉前台服务员预留房间。然而，他们却没有意识到，宾馆的销售人员并不是真正的入住者，而我，这个真正的入住者，却被遗忘在了这个信息流断裂的角落。

终于，在经历了一番波折后，问题得到了解决。我顺利入住，但这次经历却让我对供应链中的信息流问题有了更深刻的认识。

或许，大家都认为这是一件"小事"，不值一提，但我认为这是一件"大事"，因为它严重影响了客户体验。

供应链中的信息流，就像是我们身体中的血液，它连接着供应链的各个环节，确保着信息传送的准确性和及时性。然而，当信息流出现断裂或偏差时，就会导致供应链中的各个环节无法协调一致，甚至出现混乱和延误。

回到我的宾馆入住经历，如果宾馆能够制定一个规范的流程，要求预订时必须使用入住人的名字，并且明确标注入住人公司和订房人公司的信息，那么这个问题就可以轻松避免。这个简单的流程规范，实际上就是对信息流的管理和控制，它可以确保信息的准确性和一致性，从而避免类似的问题再次发生。

在企业管理中，类似这样的"小事"还有很多。这些看似微不足道的问题，往往隐藏着深层次的管理漏洞和隐患。如果不加以重视和解决，就会逐渐积累成大问题，影响企业的整体运营效率和竞争力。

因此，我认为信息流问题是供应链管理中不可忽视的一环。只有解决了信息流问题，才能确保供应链的高效运作和顺畅流通。在实际操作中，我们可以通过制定规范的流程、加强信息系统的建设、提高员工的信息素养等方式来加强信息流的管理和控制。

宾馆入住的尴尬经历虽然让我感到不快，但也让我深刻体会到了信息流在供应链中的重要性。它像是一面镜子，映照出我们在信息流管理上的不足和漏洞。很多看似在物流或资金流上出现的问题，背后可能就是信息流问题。

2.2 "三流"问题深挖，一半都是信息流问题

在供应链管理中，物流、信息流和资金流是三个核心概念，它们是供应链管理的对象，共同构成了供应链的完整运作体系。下面我将逐一解释这三个概念。

（1）物流（Physical Flow 或 Logistics）。

物流是供应链中物质实体（如原材料、半成品、成品等）的流动过程。它涵盖了从供应商到最终消费者的整个物理运输和储存过程，包括采购、运输、仓储、装卸、包装、配送以及回收等环节，也是一个价值流。物流的目标是确保物质实体在供应链中的高效、准确、及时流动。产品就像一根接力棒，由供应链上各个成员不断传递，最终被送到客户手中。

（2）信息流（Information Flow）。

信息流是指供应链中信息的传递和处理过程。这些信息涵盖了从市场需求预测、订单处理、生产计划、库存管理到物流配送等各个环节的数据和消息。信息流的作用是协调供应链的各个环节，确保供应链的高效运作，是供应链中的驱动流。信息流中最重要的信息是预测信息（Forecast）和订单信息（Order），两者构成客户需求信息，它驱动整条供应链运作。通过及时、准确的信息传递，企业可以更好地掌握市场需求、优化库存管理、提高生产效率、降低成本。

（3）资金流（Financial Flow）。

资金流是供应链中资金的流动过程，它涉及供应链中的付款、收款、融资、投资等活动，是供应链的能量流。资金流的目标是确保供应链中资金的顺畅流动，支持供应链的持续运作。通过有效的资金流管理，企业可以优化资金使用效率、降低财务风险、提高盈利能力。

在供应链管理中，物流、信息流和资金流三者相互交织、相互依赖，共同构成了供应链运作的基石。其中，物流是物质实体在供应链中的流动过程，资金流是资金的流动过程，而信息流则是连接和协调这两个流动过程的关键。很多时候，物流和资金流中遇到的问题，其根源都可以追溯到信息流。

"信息流问题解决了，供应链问题就解决了一半。"让我们用这句话对应一下我们日常工作中遇到的物流问题和资金流问题。

下面，我将通过一些具体的例子来详细解释这一点。

（1）物流问题与信息流。

【案例1】

送错货

在物流过程中，送错货是一个常见的问题。这往往是由于订单信息在供应链中传递时出现了错误，如配送地址、商品数量等关键信息被错误地输入或修改。如果这些信息没有及时得到纠正，就会导致货物被错配。这个问题不仅给消费者带来不便，也给企业带来额外的成本和声誉损失。比方说，以前我们去饭店吃饭，送错菜是常见现象，送错菜肯定不是故意的，其背后的原因就是信息流错误。

【案例2】

送货慢

送货慢是另一个常见的物流问题。这可能是由于信息在供应链中传递不畅或处理不及时导致的。例如，当生产商未能及时将生产进度信息传递给物流商时，物流商便无法提前安排运输计划，导致送货时间延误。

同样，如果物流商在运输途中遇到意外情况导致延误，但没有及时更新信息并通知客户，也会让客户对送货时间产生不必要的担忧。不仅是提供有形产品，提供服务也是如此，前面讲的宾馆入住问题，也是信息流问题导致的服务问题。

（2）资金流问题与信息流。

【案例】

财务审批流程长

财务审批流程长往往是由于信息流不畅导致的。在审批过程中，各个审批环节需要处理的信息可能非常多，包括采购申请、合同、发票等。如果这些信息没有及时、准确地传递给审批人员，或者审批人员之间沟通不畅，就会导致审批流程变得冗长和低效。此外，如果信息在传递过程中出现了错误或遗漏，还可能导致被错误地拒绝或批准的审批结果，给企业带来财务风险。

通过以上案例和分析，我们可以看到，物流和资金流中的很多问题都可以归结为信息流的问题。通过优化信息流管理，我们可以提高供应链的整体效率和质量。

强化信息流管理，最重要的是两条：一条是信息一致性，另一条是信息质量。信息一致性，就是信息传达要保持一个标准、一个版本，确保所有人获取的信息都是一致的，并且没有误解和歧义。信息质量，就是信息要"全、真、精、新"，确保所传递的信息是全面、真实、精确、实时的。否则，即使信息一致也毫无意义，错误信息将导致错误决策。

2.3 信息一致性：供应链管理的基石

在供应链的每个环节，每天、每个人都在不停地进行决策，而决策的依据是信息。想象一下，如果大家使用的信息版本不一致，会是什么样子？当技术部门与供应商沟通后要求对某个产品部件进行设计变更，而采购、生产和质量部门却对此一无所知，或者他们掌握的信息版本不一致，将会是怎样的场景？这种信息不一致的情况不仅会导致采购谈价时的尴尬、质量验收时的困惑，还会造成生产安排上的混乱，进而对整个供应链的效率造成严重影响。

我们说，信息流问题解决了，供应链问题就解决了一半。那么，如何判断信息流问题是否"已经解决"了呢？最直接的标志便是：不同的人，在同一时间，掌握同一个版本的信息。这样的信息一致性，是供应链管理高效运作的基石。

然而，实现信息的一致性并非易事。人是信息传递的介质，但同时也是信息传递过程中最大的障碍。在接收信息时，人们往往会根据自己的知识和背景对信息进行加工和整理，这种主观性使得原本客观的信息在传递过程中逐渐变得模糊甚至扭曲。此外，由于人的自私性，有时在传递信息时，会不自觉地强化对自己有利的信息，而弱化或隐瞒对自己不利的信息。这些行为都加剧了信息的不一致性，给供应链管理带来了极大的挑战。

为了应对这些挑战，我们需要对信息传递定一些"规矩"，要把信息进行标准化、结构化和书面化处理。

标准化是确保信息一致性的基础。通过建立统一的信息标准，我们可以确保信息的定义、格式和表达方式在各个部门和环节之间保持一致。这有助于减少因理解差异而导致的信息失真，并提高信息的可读性和可用性。例如，我们可以制定统一的编码规则、数据格式和传输协议，确保信息的准确性和一致性。

结构化是将信息按照一定的逻辑和顺序进行组织的关键步骤。通过结构化，我们可以将复杂的信息简化为易于理解的图、表格或模型，从而提高信息的可读性和可用性。例如，我们可以使用流程图、甘特图等工具来展示供应链中的各个环节和流程，使信息更加直观和易于理解。

书面化是确保信息准确性和完整性的重要手段。将信息以书面形式记录下来，可以避免口头传递过程中的误解和遗漏。书面化不仅可以确保信息的准确性和完整性，还可以为后续的决策和行动提供可靠的依据。例如，我们可以使用电子邮件、报告、会议纪要等书面文件来记录和传递信息，确保信息的准确性和可追溯性。

然而，仅仅依赖标准化、结构化和书面化可能还不足以完全确保信息的一致性。为了实现这一目标，我们还需要关注以下几个方面。

首先，强化团队间的沟通至关重要。通过定期会议、信息共享平台等渠道，促进信息的实时流动和共享，确保每个人都能及时获取到最新、最准确的信息，从而减少误解和遗漏的可能性。

其次，提升员工的信息素养和沟通能力也必不可少。通过培训和教育，使员工能够更好地理解、处理和传递信息，有助于减少因个人理解和解释差异而导致的信息失真。

同时，建立反馈机制也至关重要。鼓励员工在接收信息后提供反馈，及时发现问题并进行纠正。通过反馈机制，我们可以不断完善信息管理和传递流程，提高信息的准确性和一致性。

此外，利用现代信息技术也是确保信息准确性和一致性的重要手段。企业资源计划（ERP）系统、客户关系管理（CRM）系统等信息化工具可以实现信息的自动化处理和传递，实时监控信息的流动情况，减少人为错误的可能性。

最后,建立信息审核制度也是必不可少的。对重要信息进行严格的审核和确认,确保信息的准确性和完整性。通过信息审核制度,我们可以及时发现和纠正信息传递过程中的错误和遗漏,提高信息的可靠性。

总之,要实现信息的一致性,我们需要在标准化、结构化和书面化的基础上,加强沟通、提升员工能力、建立反馈机制、利用信息技术以及建立信息审核制度。这样,我们才能更加有效地管理和传递信息,确保供应链的高效运作。

信息的一致性那么重要,如果不一致会怎样呢?

2.4 牛鞭效应:信息流不一致的代价

牛鞭效应(Bullwhip Effect)是供应链管理中的一个重要概念,它是指需求信息在从下游向上游传递的过程中,由于多种因素(如预测误差、批量订购、价格波动等)的影响,导致需求波动逐渐放大的现象。这一现象如同一条被甩动的鞭子,其末端摆动幅度远大于起始端,导致供应链中的上游供应商所接收到的需求信息与真实的市场需求之间存在巨大偏差。这种偏差不仅影响供应链的稳定性,还可能导致资源浪费、成本增加甚至供应链断裂的严重后果。而这一切的背后,正是信息流不一致造成的。

下面通过一个简单的例子来说明牛鞭效应。

【案例】

零售商与供应商之间的羽绒服需求波动

假设有一家商场在销售羽绒服,往年入冬之后,11月的销量大约是100件。但今年,由于一场突如其来的大雪,不到一个星期就卖完了这

100件羽绒服。商场店主看到销售如此火爆，认为这是一个赚钱的好机会，于是决定增加库存，向批发商下单订购了200件羽绒服。

批发商收到零售商的订单后，也认同了销量增长的趋势，认为市场需求旺盛，于是向羽绒服生产厂家下单订购了500件羽绒服。生产厂家看到订单量大幅增加，认为今年的市场行情非常好，为了抓住这个商机，决定加大生产力度，并提前采购更多的原材料（如棉花、拉链、布料等），以应对未来的生产需求。原材料供应商也感受到了市场的热情，开始储备足够的原材料，以供应足够生产1000件羽绒服的需求。

然而，这个需求放大的过程并非基于实际的市场需求变化，而是由于供应链中每一级企业都根据下一级企业的订单量来预测和调整自己的生产和采购计划。在这个过程中，需求信息被逐级放大，从商场最初的200件需求，最终放大到了生产厂家的1000件生产计划。

在大雪过后，天气逐渐转暖，羽绒服的需求量迅速下降。商场的羽绒服库存开始积压，批发商和生产厂家也面临同样的问题。由于之前过度生产和采购，导致整个供应链上出现了大量的库存积压和资金占用，这就是牛鞭效应的典型表现。

牛鞭效应的产生主要归因于以下几个方面。

（1）需求预测误差。下游企业在预测市场需求时往往存在不准确的情况，这种预测误差会导致订单的波动，进而在供应链中被逐级放大，形成牛鞭效应。

（2）批量订购策略。为了降低采购成本和运输成本，企业通常倾向于采用批量订购策略。然而，这种策略增加了需求的波动性，因为批量订购往往导致订单量的骤增或骤减，进一步加剧了牛鞭效应。

（3）价格波动。价格促销等策略会在短期内引发需求的集中爆发，这种突发的需求变动会在供应链中传递并放大，导致更大的波动。

（4）安全库存。为了应对不确定性，企业通常会增加安全库存。然而，这种额外的库存量会进一步放大需求波动，因为当市场需求发生变化时，企业需要更长的时间来调整库存水平。

从这些分析中可以看到，产生牛鞭效应的根本原因之一在于供应链中信息流的不一致。这种不一致就像一个放大器，让需求信息在从下游到上游传递的过程中被逐级放大，从而产生了牛鞭效应。因此，解决信息流一致性问题，无疑是缓解牛鞭效应的重要手段。

信息流的不一致对供应链影响很大。当市场需求突然减少时，供应商无法及时获知这个变化，还在按原计划生产或采购，造成库存积压；在市场需求增加时，又无法及时调整生产计划，导致供应不足。更为严重的是，信息流的不一致还可能破坏供应链中的信任关系和合作关系，使各级节点采取保守和自私的决策，进一步加剧了供应链的脆弱性。

为了解决牛鞭效应带来的问题，企业可以采取以下对策。

加强信息共享和沟通，建立信息共享平台，使供应链各级节点能够实时共享市场需求、库存、采购、生产等关键信息，减少信息传递过程中的噪声和失真。通过定期会议、信息交换等方式增进相互了解和理解，减少误解和猜疑。实施协同规划，供应链上下游企业应共同制订生产和采购计划，确保计划的一致性和协调性，共同应对市场需求的变化。采用灵活的生产和采购策略，如小批量、多批次的方式，提高供应链的灵活性，降低库存积压和资金占用的风险。明确供应链上下游企业的责任和风险共担机制，通过合同等方式确保各级节点在应对市场需求波动时能够共同承担责任和风险。

解决了信息流的一致性问题，我们还要解决信息流的质量问题。我们常说，质量是企业的生命，现在我想说，信息质量是供应链管理的生命。

2.5　信息质量：全、真、精、新

除了信息的一致性，信息质量也至关重要。评价信息质量的标准可以概括为四个字：全、真、精、新。这四个标准共同构成了信息质量的基石，是信息质量的四大支柱。

（1）"全"是指信息的完整性。在供应链中，从原材料采购到生产制造，再到物流配送和最终销售，每个环节都会产生大量信息，这些信息必须被完整捕捉和记录。只有全面的信息才能真实反映供应链的状况，为决策者提供全方位的视角。信息若支离破碎，将失去其决策价值。

（2）"真"代表信息的真实性。真实的信息是决策的基础，尤其在供应链中，信息的真实性更是至关重要的。虚假信息会导致决策失误，甚至可能引发严重后果。因此，必须建立严格的信息审核机制来确保信息的准确性，对信息进行验证和核实。

（3）"精"是指信息的精确度，即信息的颗粒度要适中。在供应链管理中，信息既不能太笼统，也不能过于琐碎。过于笼统的信息缺乏细节，无法为决策提供充分支持；而过于琐碎的信息则可能被淹没在信息海洋中，难以有效利用。因此，精炼的信息是供应链管理追求的目标，需要对信息进行适当加工和处理，提取出有价值的信息点，为决策者提供清晰、简洁的信息支持。

（4）"新"强调信息的时效性。在快速变化的供应链环境中，信息的时效性尤为重要。过时的信息无法反映当前实际情况，也无法为决策提供有效支持。实时信息是供应链管理中的宝贵财富，需要借助先进的信息技术和管理工具实现信息的实时采集、传输和处理，确保决策者能够随时掌握最新的供应链动态。

可见,"全、真、精、新"是评价信息质量的四个标准,也是确保信息在供应链管理中发挥最大价值的根本所在。为实现这四个标准,企业需要建立完善的信息管理系统、培养专业的信息管理团队,并与供应链各环节的合作伙伴建立紧密的信息沟通机制。只有这样,企业才能在激烈的市场竞争中保持领先地位并实现持续发展。

以下举几个反例,展示由于信息质量不符合"全、真、精、新"标准所带来的问题和挑战,让大家提高警惕,并关注信息的质量管理。

【反例1】

信息不完整导致决策失误

情境:制造企业 B 的供应链管理系统只能捕捉到部分环节的信息,如生产计划和销售数据,却忽略了采购和仓储环节的关键信息。

问题:由于信息不全面,企业 B 难以准确评估供应链的整体性能和风险。这导致生产计划经常受到原材料短缺或库存积压的影响,无法满足客户需求,进而造成订单延误和客户满意度下降。

【反例2】

虚假信息损害企业声誉

情境:企业 C 的供应链中存在虚假报告和误导性数据。例如,供应商为维持合作关系故意低报生产成本或夸大生产能力。

问题:基于这些不真实的信息,企业 C 做出了错误的采购决策,导致生产成本上升、产品质量下降。长期来看,这严重损害了企业的声誉和客户关系,甚至可能引发法律纠纷。

【反例 3】🛒
信息颗粒度不当影响市场竞争力

情境：企业 F 的供应链管理系统收集了大量数据，但数据的颗粒度过于粗糙，无法提供足够的细节来支持决策。例如，销售数据仅按月份和产品大类进行汇总，未细分到具体的销售渠道、客户类型或产品规格。

问题：由于信息颗粒度不当，企业 F 无法深入了解市场需求的细微差异、客户偏好的变化或产品性能的优劣。这导致企业在制定采购、生产和销售策略时缺乏针对性和灵活性，无法满足市场的多样化需求。结果是企业 F 的产品在市场上的竞争力下降，销售额和市场份额均受到冲击。

【反例 4】🛒
信息更新缓慢导致错失市场机遇

情境：企业 E 的信息更新缓慢，各部门之间缺乏有效的实时沟通机制，供应链管理系统使用过时的技术。

问题：由于信息更新不及时，企业 E 无法快速应对市场、客户需求变化或突发事件。例如，当市场需求突然增加时，企业无法迅速调整生产计划和采购策略，导致错失销售机会。同时，过时的信息还可能导致库存积压、资金占用和运营效率低下。

再次呼吁并强调，大家一定要关注信息的质量，甚至要制定相关的信息管理流程和制度，因为，错误的信息会导致错误的决策。

2.6 信息质量：供应链金融的基石

供应链金融作为现代金融与供应链管理深度融合的产物，正逐步成为破解中小微企业融资难题的关键途径。其核心在于，银行或金融机构不再局限于审视单个企业的财务状况，而是将视野拓宽至整个供应链，通过全面考量供应链上各参与方的合作与互动，为链条上的企业提供更为精准、高效的融资服务。

供应链金融对中小微企业的助力显著。这些企业常因规模较小、信用记录不完善或抵押物不足而面临融资难、融资贵的问题。供应链金融的兴起为它们带来了新机遇。通过与供应链中的大型企业合作，中小微企业能够提升自身在金融机构中的信用等级，从而更容易获得融资。同时，供应链金融降低了金融机构的风险，因为它不再仅仅依赖企业的财务报表和抵押物来评估贷款风险，而是结合整个供应链的情况进行综合分析。此外，供应链金融充分利用了企业的存货和应收账款等资产，这些在传统融资方式中难以被接受的资产，在供应链金融中成了企业获得融资的重要筹码。

供应链金融的业务形态多样，包括应收账款融资、库存融资、预付款融资和信用融资等，适用于不同的供应链场景和企业需求。在这些融资方式中，信息流的质量起着至关重要的作用。一个"全、真、精、新"的信息流系统能够确保供应链上各方之间的信息畅通无阻，为金融机构提供及时、准确的数据支持，从而保障融资服务的及时性和准确性。

【案例】

京东全链路的供应链金融科技[⊖]

经过近 10 年的深耕，京东科技已经推出了一系列面向家电行业全链路的供应链金融科技产品及解决方案，垂直服务家电产业上下游，使

⊖ 信息来源于中国家电网发布的《2024 中国家电创新零售优秀案例：京东供应链金融科技案例》(发布时间：2024-03-13)。

"金融活水"流入家电行业。

1. 金融产品设计

针对上游企业（如原材料供应商、资源供应商及贸易商、生产资料和零部件制造商等），京东推出了保理融资等产品，帮助这些企业快速回款。针对核心家电企业，京东提供融资租赁产品，帮助企业盘活固定资产；同时，为下游企业（如各级分销商、物流商、服务商）提供采购融资等产品，满足经销商的采购垫资需求，帮助其在旺季备货，锁定核心企业的优惠政策。针对终端零售店铺，京东提供了京小贷、企业主贷等产品，为商户提供基于信用的贷款及信用分期服务，帮助商家拓展新用户群体，刺激交易额提升。

2. 风险控制

基于云计算、机器学习、隐私计算、产业知识图谱等技术，京东供应链金融科技建立了包含产品设计、系统建设、智能信用评估、多头贷款识别、智能反欺诈、贷中风险监控、贷后风险管理等全链路的产品设计能力和全流程风控能力。这些技术手段有效降低了金融机构的风险成本。

3. 成效显著

京东供应链金融科技已经成功帮助美的、创维、TCL、松下等多家家电企业实现资金盘活，提升资金周转效率。"金融活水"不仅流向了广大家电企业，还惠及了产业链上的中小微企业和终端消费者。

京东这个案例充分展现了信息质量"全、真、精、新"如何助力供应链金融的发展。

全：京东供应链金融科技能够整合供应链上的各类信息，包括销售数据、库存信息、物流状态等，确保信息的全面性。这种全面的信息覆盖使得金融机构能够更准确地了解供应链的实际运作情况，为提供精准的金融服务打下基础。

真：通过京东集团的数智供应链系统，各类信息得到严格的核实和验证，确保了数据的真实性。金融机构在基于这些数据进行融资决策时，能够大大降低因信息不实而导致的风险，提高金融服务的可靠性。

精：京东供应链金融科技在处理信息时，注重信息的适当颗粒度，即信息的详细程度既不过于粗糙也不过于细碎，而是恰到好处地满足金融机构的需求。这种精细化的信息处理使得金融机构能够更准确地评估供应链上企业的信用状况，制订更合理的融资方案。

新：京东供应链金融科技具备实时更新信息的能力，确保金融机构能够随时获取到最新的供应链数据。这种实时性对于金融机构来说至关重要，因为它能够帮助金融机构及时捕捉到供应链上的变化，迅速调整融资策略，降低因信息滞后而导致的风险。

信息流有很多，企业里最重要的信息流是什么，或者说，什么信息是"核心信息"呢？我觉得是客户的信息，预测信息和订单信息两者构成了客户需求信息。

2.7 客户需求：穿针引线，串联供应链

在当今高度竞争的商业环境中，客户信息就如同供应链中的灯塔，不仅为企业指明战略方向，还是连接供应链各个环节的关键纽带。客户的需求、偏好和行为模式，成为企业制定产品设计、生产计划、市场营销策略等关键决策的重要参考。客户信息已经跃升为供应链管理的核心要素，它穿针引线，巧妙地将供应链的每一个环节紧密串联起来。

在采购环节，客户信息如同指南针，引导着企业制订精准的采购计划。通过对客户需求的深入分析和研究，企业能够准确预测未来的市场需求，并据此确定所需原材料和零部件的种类、数量和质量标准。这种基于客户需求的采购计划，不仅能够确保原材料和零部件的稳定供应，还能够有效避免库存积压和浪费，降低企业的运营成本。

进入生产环节，客户信息更是起到了关键的作用。随着消费者对产品个性化需求的增加，定制化生产已经成为企业满足客户需求的重要手段。通过对客户个性化需求数据的收集和分析，企业能够准确了解客户的喜好、习惯和需求，从而生产出符合客户期望的产品。这种以客户需求为导向的生产方式，不仅提高了产品的附加价值和市场竞争力，还提高了客户对企业的忠诚度和满意度。

在库存环节，客户信息同样发挥着不可或缺的作用。通过实时分析客户的购买行为和库存数据，企业能够准确把握库存水平的变化趋势，并据此制定合理的库存策略。当某种商品库存量低于安全库存时，系统会自动触发补货流程，确保商品能够及时上架，满足客户需求。这种实时库存管理方式不仅提高了库存周转率，降低了库存成本，还有效避免了缺货和滞销带来的风险。

在物流配送环节，客户信息的重要性更是凸显无疑。企业需要根据客户的订单信息和交货时间要求，制订合理的配送计划，并确保产品能够按时、准确地送达客户手中。同时，随着客户对物流速度和服务质量要求的不断提高，企业还需要不断优化物流配送系统，提高物流效率和服务质量。在这个过程中，客户信息成了企业制订配送计划和优化物流系统的重要依据。

然而，要想充分发挥客户信息在供应链中的穿针引线作用，还需要确保客户信息的质量。保证客户需求信息的"全、真、精、新"，是确保企业决策正确性和供应链高效运作的关键。在实践中，客户信息质量差，既不全、不真，又不精、不新，给供应链管理带来了极大的困扰。

首先，客户信息的全面性要求企业能够收集到尽可能多的客户信息，包括客户的基本信息、购买记录、行为偏好、反馈意见等。在实践中，企业可以制作一个"检查清单"或"客户信息表单"，列明需要收集的全部客户信息，避免遗漏关键信息，确保客户信息的全面性。

其次，客户信息的真实性要求企业所收集的客户信息必须真实可靠。虚假的信息不仅会导致企业决策失误，还会损害企业的声誉和客户关系。因此，企业在"客户信息表单"中可以明确各项信息的填写格式和要求，引导填表人填写真实准确的信息。另外，企业还可以及时与客户核对信息，或通过多种渠道交叉验证客户信息的真实性，避免信息登记错误。必要时，还可以建立信息审核制度，确保信息的真实性。

再次，客户信息的精确性要求企业能够准确理解客户的需求和期望。填写"客户信息表单"时，可以通过"示例"引导填写人正确填写，保持适当的颗粒度，避免信息登记不完整、不精确。信息模糊、抽象使得企业无法对客户信息进行深入分析和挖掘，无法发现客户背后的真实需求，从而无法为客户提供更加精准的产品和服务。

最后，客户信息的时效性要求企业能够及时获取并更新客户信息。随着时间的推移，客户的需求和偏好可能会发生变化。如果企业无法及时获取并更新客户信息，就会导致决策滞后和供应链效率低下。因此，企业需要建立一套完善的客户信息管理系统，在线沟通、及时更新，确保客户信息的时效性。

总之，客户信息在供应链中起到了穿针引线的作用，将供应链的各个环节紧密相连。为了确保供应链的高效运作和企业的持续发展，企业需要高度重视客户信息的质量，甚至可以制定《客户信息管理制度》，对客户信息的收集、录入、使用、访问和修改权限等提出明确要求，确保客户信息的全面性、真实性、精确性和时效性。

客户信息很重要，但客户不一定给我们提供信息，或者提供的信息不全、不真、不精、不新，怎么办？这就要求我们必须做需求预测。

2.8 需求预测：供应链的原始驱动力

说需求预测是供应链的原始驱动力，主要是因为供应链是基于预测的驱动来进行计划和运作的。需求预测从历史数据分析开始，结合营销等部门的反馈，进行适当的调整，形成最终的预测结果。这个过程涉及数据的收集、分析、判断和调整，是供应链计划的重要组成部分。为企业的计划和运作提供关键的指引。

对于供应链而言，需求预测的价值在于其能描绘出清晰的市场需求轮廓，协助企业做出更加精确的生产计划、库存管理决策以及物流配送安排，从而更高效地调配资源，减少不必要的成本。因此，提高需求预测的准确性是供应链管理的重要目标之一。

然而，尽管需求预测在供应链中占据重要地位，但预测工作本身充满挑战。市场变化多端、竞争环境复杂以及消费者行为难以捉摸，这就要求供应链管理者不仅要依靠精准的预测，还要具备灵活应变的能力。

无论是面向消费者的 To C 业务，还是服务于企业的 To B 业务，需求预测都发挥着不可替代的作用。通过持续改进预测方法和提高预测精度，企业能够优化供应链运作，增强市场竞争力，实现持续稳健的发展。

以下通过两个案例来说明需求预测对供应链的重要性。需要注意的是，To B 和 To C 业务中的需求预测都有其独特的挑战和重要性。

【正例】🛒

精准预测，赢得大单

某新能源汽车零部件公司通过深入分析整车厂的市场策略、生产计划以及行业发展趋势，成功预测了某家知名整车厂在未来一年对某核心零部件的需求量。基于这一预测，该公司提前调整了生产线，确保了产品的质量和产量都能满足整车厂的需求。最终，当整车厂发出采购需求时，该公司凭借充足的库存和卓越的产品质量，成功赢得了这笔大单。这不仅为公司带来了可观的销售收入，还进一步巩固了与整车厂的合作关系。

这个案例表明，在 To B 业务中，精准的需求预测可以帮助企业赢得更多的市场机会和客户资源。它要求企业密切关注行业动态和客户需求变化，不断提高预测能力和供应链管理水平。

【反例】🛒

预测失误，导致困境

某家时尚服装品牌因为对某一季度的市场需求预测过于乐观而遭遇困境。该品牌大量生产了某款流行服饰，然而实际市场需求远低于预期，导致该产品大量积压在仓库中，占用了大量资金。为了清理库存，企业不得不采取打折促销等方式，这不仅损害了品牌形象，还对企业的盈利能力造成了严重影响。

这个案例警示我们不准确的需求预测可能带来的风险。它可能引发库存积压、资金占用、客户满意度下降等一系列连锁反应，最终影响企业的整体运营和市场表现。因此，在供应链管理中，企业必须高度重视需求预测的准确性并采取相应的措施来降低预测失误的风险。

可见，无论是在 To C 业务中，还是在 To B 业务中，需求预测都是供应链的原始驱动力。通过不断改进预测方法、提高预测准确性，企业可以更加精准地把握市场脉搏并做出正确而明智的决策。

2.9 明知预测不准，为何还要预测

在企业实践中，销售预测往往是一个充满挑战的环节，由于各种不确定性因素导致市场多变，预测很难准确。尽管我们深知预测结果并非百分百准确，但为何仍然坚持进行预测呢？其中蕴含着深刻的道理和实际的必要性。以下，我们将深入探讨为何明知预测不准，还要坚持预测，并详细阐述客户需求预测在供应链管理各环节中的重要作用。

1. 为何明知预测不准，还要坚持预测

在商业世界中，决策往往是基于对未来情况的预判和预测。销售预测，作为预测未来市场需求的重要手段，其重要性不言而喻。即便预测结果并非绝对准确，但预测本身仍然具有极高的价值。

（1）指导战略方向：预测能够为企业提供市场趋势的洞察，帮助企业把握市场脉搏，为战略决策提供有力支持。即便预测结果存在误差，但它仍能为企业指明大致的方向，避免盲目决策带来的风险。

（2）风险管理：预测有助于企业提前识别潜在的市场风险，如需求下降、竞争加剧等。通过预测，企业可以制定相应的风险应对策略，降低风险发生的概率和损失程度。

（3）优化资源配置：预测结果能够帮助企业更加精准地预测市场需求，从而优化资源配置。企业可以根据预测结果调整生产计划、库存管

理、采购策略等,确保资源的高效利用,降低运营成本。

(4)提升响应速度:准确的预测能够帮助企业快速响应市场需求的变化。当市场需求发生变化时,企业可以迅速调整生产和销售策略,以满足客户需求,提高客户满意度。

(5)持续改进与学习:预测是一个持续改进与学习的过程。随着市场环境和客户需求的变化,企业需要不断调整和优化预测模型和方法。通过这个过程,企业可以不断提高预测的准确性,为未来的发展奠定坚实基础。

2. 客户需求预测在供应链管理各环节中的重要作用

(1)生产计划:生产计划是供应链管理的核心环节之一。客户需求预测能够帮助企业预测未来市场需求量,从而制订合理的生产计划。通过预测,企业可以确保生产计划的合理性和有效性,避免生产过剩或生产不足的情况发生。

(2)库存管理:库存管理是供应链管理中的重要组成部分。客户需求预测能够帮助企业预测未来库存需求,从而制定合理的库存策略。通过预测,企业可以确保库存的充足性,同时避免库存积压和资金占用。此外,预测结果还可以帮助企业优化库存结构,提高库存周转率。

(3)采购管理:采购管理是供应链管理中不可或缺的环节。客户需求预测能够帮助企业预测未来原材料和零部件的需求量和需求时间,从而制订合理的采购计划。通过预测,企业可以确保原材料和零部件的及时供应,降低采购成本,提高采购效率。

(4)物流管理:物流管理是供应链管理中的重要环节之一。客户需求预测能够帮助企业预测未来产品在各地区的销售趋势和市场需求变化,从而制订合理的物流计划和配送策略。通过预测,企业可以优化物流网络布局，降低物流成本，提高物流效率。同时，预测结果还可以帮助企业提高客户服务水平，增强客户满意度。

总之，虽然销售预测存在误差，但其重要性不容忽视。客户需求预测在各个环节中都发挥着重要作用。因此，我们应该正视预测可能带来的不准确性，并充分利用预测结果来指导企业的决策和运营。我们一定要通过努力，不断修正预测方法，做出相对准确的预测。

2.10 为何宝洁高度重视沃尔玛的 POS 机

沃尔玛是一个大型零售商，而宝洁则是为其提供各种商品的重要供应商。虽然宝洁的产品是直接通过沃尔玛销售给顾客的，也就是说宝洁并不直接与消费者打交道，但宝洁依然能够非常准确地预测出消费者的需求。这是为什么？

其中的奥秘就在于沃尔玛的 POS 机。这些 POS 机不仅用于结账，它们还详细记录了每一笔交易的每一个细节，比如顾客买了什么产品、买了多少、在什么时候买的，甚至还能记录顾客的购买偏好。POS 机的数据符合"全、真、精、新"，数据的背后就是客户需求信息这个宝藏。

通过这些数据，宝洁就能清楚地知道哪些产品最受顾客喜欢，哪些时间段是销售的高峰期，以及哪些促销活动最能吸引顾客。基于这些信息，宝洁就可以更准确地预测消费者的需求，从而调整自己的生产、库存和营销策略，确保能够及时地满足消费者的需求。

宝洁高度重视沃尔玛 POS 机数据的首要原因在于其精准性和实时性。这些数据来源于真实的交易行为，反映了消费者的真实需求和偏好。

此外，沃尔玛的 POS 机数据还能够帮助宝洁预测未来的产品需求走势。通过对历史数据的分析，宝洁可以识别出销售趋势和季节性变化，从而提前做好准备，确保货架上的产品始终充足且新鲜。这种精准的需求预测不仅降低了库存积压和缺货的风险，还提高了供应链的整体效率。

更令人瞩目的是，沃尔玛的 POS 机数据还能够揭示消费者的"购物心声"。例如，当某款洗发水在周末的销量异常高涨时，宝洁可以据此推测消费者可能更喜欢在周末进行家庭清洁。基于这一洞察，宝洁可以针对性地推出周末特惠装或相关促销活动，以满足消费者的这一需求。这种基于数据的个性化营销策略不仅能够提高销售额，还能够提高消费者对品牌的忠诚度。

宝洁与沃尔玛之间的紧密合作关系也离不开 POS 机数据的支持。通过共享这些数据，双方可以共同制定更精准的营销策略、优化产品组合和定价策略。这种合作不仅促进了双方的业务增长，还提高了整个供应链的协同效率。在应对市场变化和挑战时，双方能够迅速做出反应，共同抵御风险。

此外，POS 机数据还促进了供应链协同与优化。通过共享这些数据，供应链各个环节之间的信息透明度得到提高，使得整个供应链能够更加紧密地配合和协作。这种协同效应不仅提高了供应链的响应速度，还降低了整体运营成本。

在这个数据为王的时代里，谁掌握了高质量的信息，谁就能把握市场的脉搏，成为真正的赢家。宝洁之所以高度重视沃尔玛的 POS 机数据，正是因为它深知这一点。宝洁的做法，给了我们很多启发。

2.11 如何提高需求预测的准确性

需求预测是企业管理中的关键环节，准确的预测能帮助企业优化资源配置，减少浪费，并抓住市场机遇。为了提高需求预测的准确性，我们可以依据预测学的三大原理,即惯性原理、相关性原理和类比性原理,生成各种行之有效的预测方法。下面举例说明。

1. 以史为鉴,总结历史周期律

原理:此方法主要基于惯性原理,即过去的数据和趋势对未来有一定的指示作用。这意味着我们可以通过分析历史数据来推测未来的需求走势。时间序列分析是一种强大的工具,可以帮助我们识别数据中的趋势、季节性和周期性变化,为未来的需求预测提供有力的数据支持。

【案例】

某电子产品分销商利用时间序列分析,对过去五年的销售数据进行深入研究。它发现某款笔记本电脑在开学季和年末大促期间销量激增。基于这一发现,它提前制定了针对性的采购和营销策略,成功捕捉到了销售高峰,从而提高了销售额和利润率。

2. 追根溯源,无限逼近信息源头

原理:此方法运用了相关性原理,即通过深入了解整个供应链和最终消费者的需求来更准确地预测未来需求。这意味着我们需要追溯到信息的源头,以获得最准确的市场需求信息。宝洁关注沃尔玛的POS机就是这个道理。

【案例】

一家汽车零部件供应商为了更准确地预测某款汽车零部件的需求,不仅关注了自己的直接客户(一级供应商)的订单情况,还积极与整车厂进行沟通,了解整车厂的生产计划和销售策略。更进一步地,它还通

过市场调研和数据分析，洞察了最终消费者的购车偏好和趋势。通过这种全方位、多层次的信息收集和分析，它成功地预测了该款汽车零部件的需求走势，从而优化了生产计划和库存管理。

3. 识别相似性，借鉴他人经验

原理：预测学中的类比性原理。首先需要识别出两个或多个事物之间的相似性。这些相似性可以是功能、结构、发展历程或其他方面的类似。然后，基于已识别出的相似性，利用一个已知事物的发展规律来推测另一个事物的可能发展趋势。

【案例1】🛒

"行走天下"旅行社为提高旅游服务需求预测准确度，巧妙运用类比性原理。它注意到电影预售与旅游服务有共通之处，于是决定借鉴电影预售模式，通过提前开放旅游线路预订，并分析预订数据，旅行社能更精准地预测各线路需求，从而合理安排资源。此举不仅优化了导游、车辆等资源分配，还有效减少了供需失衡现象。

此外，做需求预测时，还要特别注意选择颗粒度，聚焦关键客户和重点产品。颗粒度太粗太细都不行，要选择适当的、可以预测比较准确的颗粒度。通过关注对整体需求有重大影响的客户和产品，可以更准确地把握市场需求。这种方法主要运用了相关性原理，即关键客户和重点产品的需求变化能反映出市场的整体走势。

还有，要注意预测不可能一下子就准确，它是一个循序渐进的过程，它是一个从模糊逐渐发展到清晰的过程。在需求预测过程中，初始信息往往是模糊和不确定的。通过与客户持续沟通，我们可以逐渐明确和细化需求，从而提高预测的准确性。这种方法体现了预测工作的动态性和持续性，要求我们不断修正和完善预测模型。

【案例2】

一家定制家具企业在与新客户合作时，客户最初只提供了一个大致的家具需求和布局想法。随着与客户的深入沟通，企业逐渐了解到客户对家具风格、材质、颜色等方面的具体要求。在多次交流和设计方案迭代后，客户的需求逐渐清晰，企业也据此进行了精准的生产和配送计划。最终，客户对成品非常满意，企业的预测准确性也得到了显著提升。

结合预测学的三大原理，我们可以衍生出各种预测方法，有效提高需求预测的准确性。但不管怎么预测，都是"数据+判断"，数据就是我们收集的信息、事实，然后根据上述三大原理结合个人长期经验积累的感知进行主观判断。但是，请注意，客户的需求是变化的，所以，我们一方面要提高需求预测的准确度，另一方面也要管控好客户需求。如果客户的需求变化无常，需求无序，将给供应链带来灾难。

2.12 需求管不好，供应链没方向

客户需求是供应链的原动力，但其需求的多变性无疑给供应链带来了诸多挑战和混乱。在传统供应链管理模式中，我们往往过于偏重供应方面的管理，如生产和物流等环节，却忽略了对需求端，特别是市场和消费者的深入理解和关注。这种失衡导致供应链反应迟钝，难以快速适应市场的瞬息万变。

因此，现代供应链管理开始转变思路，强调需求管理的重要性。通过对市场需求的准确预测、敏锐感知、有效引导和灵活重塑，供应链能够显著提升其灵活性和响应速度，更好地应对市场的多变性和不确定性。这种转变旨在使供应链更加精准地满足客户需求，从而提升整体运营效率和效果。

- 需求预测方面，企业可以借助大数据和机器学习技术来精确预测未来需求，从而优化库存和生产计划。例如，亚马逊的需求预测算法通过分析消费者行为和市场趋势，准确预测未来销量，确保产品供应充足且减少库存积压。
- 需求感知方面，实时信息系统能够帮助企业即时捕获市场需求变化，并迅速做出响应。如三一重工利用物联网技术远程监控设备状态，及时感知客户需求并提供维修服务，这不仅提高了客户满意度和忠诚度，也提升了企业的服务效率。
- 需求引导方面，企业可以通过营销策略和产品创新来引导消费者需求并创造新的市场机会。苹果公司的产品发布策略就是一个典型例子，通过精心策划的发布活动和媒体宣传，成功引发消费者对新产品的购买热潮。
- 需求重塑方面，企业可以通过推出创新产品和服务来重塑消费者对行业的认知和需求。特斯拉在电动汽车市场的成功就是一个典型案例，通过打造高性能电动汽车和完善的充电网络，特斯拉成功重塑了消费者对电动汽车的认知和需求，引领了行业发展。

不仅是这些面向消费者的 C 端企业，面向企业业务的 B 端企业也一样，都可以通过一些管理手段管控客户的需求。为了有效引导、重塑和管控这些需求，企业可以巧妙运用价格、交期、客户分级等政策，实施一系列精心设计的策略。

首先，通过灵活的价格政策，企业能够巧妙地引导客户需求。比如客户需求多变或定制较多，就可以提高售价，引导客户购买标准化产品。具体价格策略包括采购价值定价法，强调产品的独特性和高附加值。同时，提供多版本定价策略，让客户根据自身需求选择最合适的版本。此外，利用价格锚点策略，突出中低价产品的性价比，引导客户做出更经济实惠的选择。

其次，通过交期政策，企业可以重塑客户需求。需求多变或定制较多就可以延长交期，引导客户选择交期短的标准化产品。还可以明确交期承诺，让客户了解产品交付的时间框架和可能的延误风险。同时，根据客户需求的紧急程度和业务价值进行优先级排序，确保关键项目的顺利推进。当遇到不可预见的延误情况时，及时与客户沟通并提供灵活的交期调整方案，以降低客户的不满和损失。

最后，通过客户分级策略，企业可以更加精准地引导客户需求。将客户分为不同的等级，提供差异化的政策和服务。对于高级别客户，提供专属的定制化解决方案和增值服务；对于中级别客户，强调产品的性价比和长期效益；对于低级别客户，则注重价格竞争力与标准化的产品和服务。同时，与不同级别的客户建立紧密的沟通与协作机制，灵活调整产品和服务策略，以满足客户的期望。

2.13　拿到的订单，可能只是预测

从前面的讲述中，大家可以看到，在供应链管理中，信息的"全、真、精、新"对于企业的决策至关重要。很多时候，企业可能误将预测当作实际订单来处理，这种误解可能导致严重的后果，如库存积压、资

金占用，甚至整个供应链的混乱。

以汽车行业为例，汽车制造商经常面临来自经销商的"预测订单"。这些预测订单并非真正的购买承诺，而是经销商基于市场趋势、历史数据和销售经验所做的预估。然而，在销售压力和目标驱动的环境下，这些预测很容易被误认为是确凿的订单。

【案例】

汽车大厂压库，经销商疲惫不堪

某知名汽车制造商为了冲刺年度销售目标，对经销商施加了巨大的压货压力。经销商在面临这种压力时，可能会提供一份基于预测的订单，以满足制造商的期望。这些预测数字虽然参考了历史销售数据、市场趋势等因素，但本质上仍然是不确定的。

当制造商依据这些预测进行生产和库存管理时，风险随之而来。由于预测往往包含一定的不确定性，制造商可能会生产出超过实际市场需求的汽车。这些多余的车辆随后被运送到经销商处，导致经销商库存积压，资金被大量占用。同时，如果实际销售未能达到预期，经销商将面临巨大的财务压力。

这个案例不仅揭示了将预测误当作订单的潜在危害，还强调了真实信息在供应链管理中的重要性。为了避免这种情况，制造商需要建立更加严格的信息验证机制，确保所接收的订单数据是真实可靠的。此外，加强与经销商的沟通与合作也是关键，以便更准确地了解市场需求和销售预期。

所以，应该协同预测，这部分内容会在第 3 章做详细阐述。

本章小结
供应链管理——从销售计划启程

在供应链管理中,信息流问题占据了至关重要的地位。可以说,信息流问题解决了,供应链问题就解决了一半。而在企业里,最重要的信息莫过于客户信息,它如同一条主线,贯穿整个供应链的始终。

客户需求是供应链运作的驱动力,它体现为销售预测,而预测信息的质量则是供应链运作的生命。销售预测需要"全、真、精、新",即全面、真实、精确和实时,以确保供应链的高效运作。销售计划正是基于这样的客户信息而制订的,它不仅是供应链管理的起点,还是企业连接市场与内部运作的桥梁。

销售计划作为供应链管理的起点,紧密连接市场与企业内部运作。它基于销售预测,但并非其简单翻版,而是综合考虑公司资源、市场趋势、竞争环境和客户需求等多因素后制订的详细作战方案。销售计划为供应链协同运作指明方向,确保企业有序迈向销售目标。

构建卓越的销售计划需深入市场调研,设定具体、可衡量的销售目标,并制定与市场战略高度一致的销售策略。这要求销售团队、生产团队、采购团队和物流团队等跨部门协同合作,确保销售计划在供应链中得到有效执行。

一个卓越的销售及运营计划,可以通过产销平衡会拉通供应链各部门,促进其协同工作。这些将在第 4 章详细阐释。

第3章

组织之间高效协同：
做到四个一致

导 语

核心观点：一切行动听指挥，步调一致才能得胜利，不能一人一把号，各吹各的调。组织之间高效协同，需要保持四个一致，即信息一致、认知一致、信任一致、能力一致。

这个"指挥"就是计划，这个"调"就是客户需求。心往一处想，劲往一处使，力出一孔，才能利出一孔。

3.1 四个一致：确保组织间高效协同

我们经常听到"心往一处想，劲儿往一处使""一切行动听指挥""步调一致才能得胜利"以及"力出一孔，利出一孔"等，这些理念强调了团队合作中的统一思想、统一行动和高效执行的重要性，都是对协同作用的生动诠释。

在当今这个快速变化的时代，企业间的竞争已不再是单一组织的竞争，而是供应链与供应链之间的竞争，更是组织间协同能力的竞争。

1. 什么是组织间的高效协同

组织间的高效协同，简而言之，就是在供应链或更宏大的企业网络环境中，各个组织能够像一支训练有素的队伍那样紧密合作、有效沟通，以实现共同目标。这种协同不仅限于资源共享和信息共享，还涉及战略层面的协同、操作流程的对接、决策的同步以及文化的融合。

- 资源共享。各个组织通过共享资源，如技术、人才、物流等，实现优势互补。这不仅可以降低运营成本，还能提高整体运营效率。
- 信息共享。信息的及时、准确共享是实现高效协同的基础。组织之间应建立透明的信息交流平台，确保关键数据能够在整个供应链中实时传递，以便各方能够快速响应市场变化和需求波动。
- 战略协同。各个组织在战略层面上保持一致，共同制定长期和短期的合作目标和计划。这有助于确保所有参与方都朝着相同的方向努力，减少冲突和误解。
- 流程对接。各个组织的业务流程应相互衔接，形成顺畅的工作流。这包括订单处理、生产管理、物流配送等各个环节的紧密配合，以确保产品和服务能够高效地从供应链的一端传递到另一端。

- 决策同步。在关键决策时刻,各个组织应能够迅速达成一致,确保决策的及时性和有效性。这要求各个组织之间建立高效的决策机制,以便在面临市场变化时能够迅速调整策略。
- 文化融合。虽然各个组织可能拥有不同的企业文化,但在协同工作中,应努力寻求文化上的共同点,促进彼此之间的理解和尊重。这有助于增强团队的凝聚力和向心力,提高协同工作的效率和质量。

想象一下,如果一支乐队中的每个乐手,一人一把号,各吹各的调,那怎么可能奏出和谐美妙的乐章呢。同样,组织之间也是如此,必须高效协同。

2. 如何才能做到组织间的高效协同

我认为,关键在于实现"四个一致":信息一致、认知一致、信任一致和能力一致。

- 信息一致,这是协同工作的基石。决策依据信息,因此,信息的质量、信息传递的流程非常重要。组织间应建立起透明的信息交流机制,确保所有成员使用同一个版本,确保信息的"全、真、精、新"。这样,各个组织都能基于相同的信息做出决策,避免因信息不对称而导致误判和冲突。
- 认知一致,这是协同工作的前提。各个组织需要对任务、目标和计划有共同的理解和认知。这需要通过充分的沟通和协调来实现。只有当所有成员都明白各自在整个协同网络中的角色和定位时,工作才能更加顺畅地推进。
- 信任一致,这是协同工作的灵魂。在协同过程中,信任是不可或缺的要素。各个组织需要建立起深厚的信任关系，相信彼此的能力和诚意。只有这样，才能在关键时刻相互支持、共渡难关。
- 能力一致，这是协同工作的保障。这里的能力一致并不是要求所有组织都具备相同的技能，而是强调各个组织应具备完成任务所需的专业能力和资源，强调的是能力匹配，与任务要求相匹配。供应链成员间资源共享和优势互补，可以形成强大的合力，共同应对各种挑战。

"四个一致"是我提出的关于组织高效协同的重要观点，它们相互关联、相互促进，缺一不可，共同构成了组织协同的基石。

除了上述"四个一致"，我们还需认识到用什么去协同。一切行动听指挥，指挥就是计划；步调一致才能得胜利，步调就是客户的需求。计划就像一根指挥棒，推动"四个一致"，引导各个组织的行动方向；而客户需求则是协同工作的出发点和落脚点。我们必须紧密围绕客户需求来制订和执行计划，确保协同工作的成果能够真正满足市场的期望。

这里，我想强调的是，组织间的高效协同不仅是一种工作方法或技巧，还是一种理念和精神。它要求我们摒弃传统的零和博弈思维，转向供应链合作共赢的发展模式。"四个一致"不仅适用于企业内部各个部门之间，也适用于企业外部供应链各个环节的企业之间，用"四个一致"打破企业沟、部门墙。

3.2 信息一致：客户需求只有一个，大家不要互相猜

信息流问题解决了，供应链问题就解决了一半。信息一致是供应链协同工作的基石，前面讲到"牛鞭效应"，它描述了需求信息在逐层传递时如何被扭曲和放大。由于供应链各个成员之间缺乏有效沟通和信息共

享，导致信息不一致，相互之间只能靠"猜"，最后，各个成员只能基于自己的理解和有限的信息行动，从而带来了严重的不协同：要么库存高企，要么断料。

但在企业的实际运营中，做到"信息一致"并非易事，销售、生产、采购等部门之间似乎总有一道无形的墙，使得信息无法顺畅流通。销售部门拿不到客户的预测，或者担心自己的预测不准，选择保守，不给生产和相关部门提供预测。生产部门只能"盲人摸象"，根据自己的理解来安排生产，简而言之，就是在猜测中运作。采购部门更是"热锅上的蚂蚁"，拿不到需求预测，又担心库存不够，万一断料怎么办？于是，只能给供应商下达更多的采购订单，以备不时之需。

这样一来，各个部门之间就像是在互相"猜谜"，大家信息不共享，形成一个个信息茧房，都根据自己的理解安排自己的工作。然而，我们都知道，客户的最终需求只有一个，那么，为什么大家要相互猜呢？

这个问题的答案，或许就藏在我们的日常工作中。我们是否曾经因为担心自己的预测不准，而选择保守，不与他人分享？我们是否曾经因为害怕承担责任，而选择"闭门造车"，不与其他部门沟通？这些都是导致信息茧房形成的原因。

要打破这个信息茧房，我们需要做的，就是坐下来，好好沟通。销售、生产、采购等部门，都是企业这个大家庭的一员，大家的目标都是为了让客户满意，让企业更好。那么，大家为什么不能坦诚相待，共享信息，共同应对市场的挑战呢？

信息一致是解决这个问题的钥匙。只有实现信息一致，才能打破销售、生产、采购等部门之间的信息壁垒，构建协同作战的企业生态，最终输出一个大家都认可的相对准确的预测，并且基于"同一个预测"行动。

为了实现这一目标，我们需要从以下几个方面入手。

（1）强化跨部门沟通机制。

定期召开跨部门沟通会议，让销售、生产、采购等部门的人员坐在一起，分享各自的信息和想法。这种沟通机制有助于消除部门间的误解和隔阂，促进信息的顺畅流通。

（2）建立共享的信息平台。

借助现代信息技术，建立一个共享的信息平台，使销售、生产、采购等部门能够实时了解到客户的需求、市场的变化以及各自的工作进度。这样，每个部门都能根据最新的信息做出决策，避免信息滞后导致决策失误。

（3）培养协同作战的企业文化。

企业文化是影响员工行为的重要因素。为了打破信息壁垒，我们需要培养一种协同作战的企业文化，鼓励员工跨部门合作，共同解决问题。同时，企业领导也应该以身作则，积极参与跨部门沟通，为员工树立榜样。

（4）优化业务流程和激励机制。

业务流程的优化有助于减少部门间的摩擦和冲突。通过梳理业务流程，明确各个部门的职责和权限，可以避免因职责不明导致的信息壁垒。同时，合理的激励机制也能激发员工跨部门合作的积极性。例如，可以设置一些跨部门的绩效指标，鼓励员工为企业的整体利益共同努力。

（5）引入外部专业咨询和支持。

如果企业自身难以打破信息壁垒，可以考虑引入外部的专业咨询和支持。专业的咨询公司可以帮助企业诊断问题所在，提供有效的解决方案。同时，它们还可以为企业员工提供培训和支持，帮助员工更好地理解和实施跨部门协同作战的理念和方法。

总之，客户的最终需求只有一个，部门之间不能互相猜测。我们必须做到信息一致，打破信息茧房，共同输出一个准确的预测结果。大家互相猜测，害人害己，由于牛鞭效应，造成了很多库存，给供应链带来大量浪费。所以，大家要使用同一个版本的信息，必须从供应链各环节的源头上解决信息一致性的问题。

3.3 认知一致：管理水平的天花板

决策是基于信息的，而信息又会影响我们的认知。"职业的天花板往往源于认知的局限，而企业的未来则取决于企业家的视野和决断。"这是我在撰写《采购2025：数字化时代的采购管理》一书时的深刻感悟，并用它来激励自己不断前行。认知，可以说是管理水平的天花板。因此，认知一致，是协同工作的前提。

认知协同，意味着供应链中的所有参与者对整体战略、业务目标和执行方案有着相同或相近的理解和认知。这种一致性能够确保供应链的各个环节紧密衔接，减少冲突和误解，从而使得整条供应链实现稳定、高效的运作。

想象一下，如果企业内部的销售、生产、采购、物流部门在市场需求、生产计划和发货时间等方面存在分歧，企业如何能够迅速应对市场变化并提供令客户满意的产品和服务呢？同样，如果供应链上的供应商、生产商、分销商和零售商在质量标准、交货期限和定价策略上无法达成一致，那么这条供应链又如何能保持其高效性和稳定性呢？

在供应链中，任一环节都有可能导致认知不一致，但以下几个环节通常更容易出现问题。

（1）需求预测与计划环节。

供应链的开端是需求预测，如果销售部门与生产部门之间对于市场需求的理解存在偏差，从一开始就会导致认知不一致。销售部门可能过于乐观地估计市场需求，而生产部门可能更为保守，这种差异会导致生产计划与实际需求不匹配。

（2）采购与供应商管理环节。

采购部门与供应商之间的沟通不畅或信息不对等也可能导致认知不一致。供应商可能对采购方的需求理解不准确，或者采购方对供应商的能力和资源了解不足，这都会影响到物料的采购计划和供应链的整体效率。

（3）生产制造环节。

生产制造部门可能与其他部门在生产计划、生产能力和产品质量标准上存在认知差异。如果生产制造部门未能准确理解销售部门的需求预测或物流部门的发货计划，就可能导致生产过剩或不足。

（4）物流配送环节。

物流部门对于发货时间、运输方式和库存管理的理解如果与其他部门不一致，就会出现配送延误、库存积压或缺货等问题。特别是在高峰期或特殊情况下，如果物流部门未能与其他部门紧密协调，这些问题就会更加明显。

（5）信息管理与技术支持环节。

供应链中的信息管理系统如果设计不合理或者数据更新不及时，就会导致各部门之间的信息不对称，进而引发认知不一致。此外，如果技术支持不足，各部门在使用系统时可能也会遇到障碍，进一步加剧认知的不一致。

为了解决这些环节的认知不一致问题，供应链成员需要加强沟通与协作，建立统一的信息管理平台，并确保数据的准确性和实时性。同时，定期进行供应链审查和评估,以及提供必要的培训和支持,也是解决认知不一致问题的重要措施。

【案例】

全球供应链中认知不一致带来的误解

大卫,某知名跨国公司的全球采购经理,曾经历过一个深刻反映认知一致重要性的案例。

为了保持公司产品的高品质,大卫负责在全球范围内寻找顶尖供应商。经过严格筛选,他最终在中国选择了一家提供专业核心零部件的供应商。

初步合作中,该供应商的产品在中国本地的质量检测中表现优异。然而,当这些产品被运送到公司的国外生产基地时,检测结果却显示产品未达到国外的质量标准。

面对这一矛盾,大卫迅速做出反应,派遣供应商质量工程师(SQE)前往中国进行深入调查。尽管SQE与供应商多次现场检测均显示产品合格,但质量问题依然存在。

经过深入沟通和对比,大卫和团队发现问题根源在于中国团队和国外团队对同一质量标准的理解和解读存在显著差异。这种差异导致了质量检测上的分歧,严重影响了供应链效率,甚至威胁到了公司与供应商之间的合作关系。

为了解决这个问题,大卫果断组织了一次跨国培训会议,邀请国内外质量检测团队、供应商以及SQE共同参与。通过这次会议,大家达成了对质量标准的统一理解,并建立了更紧密的合作关系。同时,公司也进一步完善了质量检测流程,明确了各环节的职责和要求。

造成认知不一致的原因，往往是彼此之间缺乏了解。不了解就不理解，不理解就可能导致不执行，或者执行时走样。要解决认知一致的问题，首先必须做到"信息一致"。在"信息一致"的基础上，经过充分的沟通，我们才能达成"认知一致"。

比较有效的方法是，首先，通过互相培训，让其他部门了解自己的流程制度，以及为什么要这样做。其次，通过共享机制，让其他部门了解自己的"实况"，以及根据什么来做决策。再次，通过会议，沟通彼此的观点。最后，经过充分的"辩驳"和"讨论"，达成认知一致，确定应该怎么做。

没有信息一致，就不可能有认知一致；没有认知一致，也不可能实现信任一致。没有这些一致，怎么可能"心往一处想，劲儿往一处使"呢？最终的结果就是你往东，他往北，甚至是你往东，他往西，走向完全相反的方向。

3.4 信任一致：组织协同的灵魂

"心往一处想，劲儿往一处使"，这需要彼此高度的信任。信任，是伙伴关系的灵魂。信任，就像一条隐形的纽带，将供应链各个环节牢牢相连。信任，源于对彼此专业能力的认同，对合作诚意的确认，以及对共同发展的热切期待。然而，当信任缺失时，供应链的效率和稳定性会受到严重影响。

在不信任的环境下，企业间，或者说供应链成员之间往往会出现一系列问题。首先，成本结构的不透明性成为一个显著的障碍。当一方对另一方心存疑虑，担心信息泄露会损害自身利益时，它们可能会选择隐藏真实的成本数据。这种做法不仅增加了价格谈判的难度，延长了谈判周期，还使得其他供应链成员难以进行有效的成本控制和优化。这种不透明性，就像一道无形的墙，阻碍了信息的自由流动和资源的合理配置。

此外，供应链信息的封锁也是不信任导致的另一个严重问题。在供应链管理中，信息的及时共享对于提高供应链的整体效率和响应速度至关重要。然而，当一方对信息被滥用或泄露感到担忧时，它可能会选择保留关键信息，不与其他成员分享。这种信息的孤立状态导致其他成员在做出决策时缺乏必要的数据支持，从而增加了决策失误的风险。更为严重的是，缺乏信息共享可能引发供应链中的牛鞭效应，即需求信息在传递过程中被逐级放大，最终导致库存积压、资源浪费和市场响应迟钝。

不信任还体现在供应链成员之间的谈判过程中。当双方缺乏信任基础时，谈判往往变得复杂而漫长。双方都会采取更为保守和具有防御性的策略，试图在谈判中占据有利地位。这种博弈不仅消耗了大量的时间和资源，还可能导致双方关系的紧张甚至破裂。更为糟糕的是，长时间的谈判可能会使供应链成员错过宝贵的市场机遇，从而降低供应链整体竞争力。

这些不信任带来的问题都会直接或间接地增加交易成本。谈判难度的提升、信息收集费用的增加以及由于决策失误而产生的额外费用都是不信任的经济后果。更为深远的是，长期的不信任还可能阻碍供应链成员之间的深度合作和创新。在缺乏信任的环境中，各方都更倾向于保护自己的利益，而不是寻求共同的发展。这种短视的行为模式最终会阻碍供应链的整体进步和创新能力的提升。

然而，与这种不信任形成鲜明对比的是苹果公司与北京精雕的成功合作案例。

【案例】

苹果公司与北京精雕的信赖之旅

苹果公司，作为全球科技巨头之一，一直在寻求与优秀的合作伙伴共同延展技术的边界。而北京精雕，作为在数控机床领域拥有深厚技术实力的企业，进入了苹果公司的视野。

两家公司的合作，起初并不被外界看好。毕竟，两家公司在规模、文化和地域上都存在显著的差异。然而，正是这些差异促使它们更加珍视彼此之间的合作，也让它们意识到了建立信任关系的重要性。

合作初期，苹果公司派遣了一支技术团队前往北京精雕进行深入的交流与学习。这不仅是一次技术上的交流，还是一个建立信任的过程。苹果公司的团队被北京精雕的专业能力和敬业精神所打动，而北京精雕也深感苹果公司对技术的追求和对合作伙伴的尊重。

随着合作的深入，双方开始共同研发一款新型小型机床。这个项目充满了挑战，但双方都坚信只有通过真诚的合作才能攻克难关。在研发过程中，苹果公司和北京精雕始终保持着密切的沟通与协作。每当遇到问题和困难，它们都会坦诚相待，共同寻找解决方案。

这种信任关系不仅体现在日常的沟通交流中，更体现在资源共享和风险共担上。苹果公司提供了先进的设计理念和市场需求分析，而北京精雕则贡献了其在数控机床领域的专业技术和制造经验。双方共同承担着研发过程中的风险，也共同分享着每一个阶段性成果的喜悦。

经过数月的努力，新型小型机床终于研发成功。这一成果不仅融合了苹果公司与北京精雕的技术精华，还凝聚了双方深厚的信任与友谊。当这款机床在市场上取得巨大成功时，苹果公司和北京精雕都深知，这是它们共同付出、相互信任的结果。

这个案例告诉我们，在供应链合作中，信任是不可或缺的要素。只有建立了深厚的信任关系，企业之间才能真正实现资源共享、风险共担和高效决策。而这种信任关系的建立，需要双方共同努力、真诚相待，以共同的目标为指引，携手前行。苹果公司与北京精雕的成功合作，为我们树立了一个典范，也为我们展示了信任在供应链管理中的巨大价值。

3.5 能力一致：供应链高效运作的基石

供应链是一个由众多环节和成员组成的复杂网络，每个成员都承担着独特的任务与责任，并展现出各自的优势和专长。只有当这些不同的能力和资源完美融合时，供应链才能发挥出最大效能。这种成员间能力的匹配与互补，我们称为"能力一致"，它是确保供应链高效、稳定运作的保障。

这里说的一致性，并非指所有成员都具备完全相同的技能，而是强调在完成各自任务时，各成员都要拥有所需的专业能力和资源，它指的是能力与任务的匹配性，以及供应链成员之间能力的互补性。这正是实现供应链高效、稳定运作的核心所在。

1. 能力不匹配带来的诸多问题

当供应链成员之间的能力不匹配时，就会给供应链管理带来一系列棘手的问题和挑战。例如，如果供应商的生产能力与市场需求不匹配，就可能导致产品缺货，这不仅会降低客户满意度，甚至还可能对品牌形象造成不可挽回的负面影响。同样，如果物流公司的配送能力不足，就可能导致延迟交货，这不仅会增加客户的抱怨，还可能提高退货率，进而影响企业的声誉和客户忠诚度。

此外，如果供应链成员的信息系统无法顺畅对接，就会形成数据共享的障碍，导致出现信息孤岛现象。这将大大降低供应链的可视性，并影响管理决策的效率。同时，质量控制水平的不匹配也是一个严重的问题。它可能导致产品退货率和维修率上升，增加售后服务成本，甚至使企业面临法律风险和品牌信誉的损害。

在快速变化的市场环境中，如果研发部门或供应商无法迅速响应并开发出符合市场需求的新产品，企业就可能会错失重要的市场机会。这不仅会影响企业的销售业绩，还可能导致库存积压和资金占用，从而增加企业的财务风险。

为避免这些问题，并提升供应链的整体效能和竞争力，供应链管理者需要密切关注成员之间的能力匹配情况，并采取相应措施进行优化和提升。

2. 科学评估能力匹配度

为确保供应链的高效运作，我们需要科学地评估供应链成员之间的能力匹配度。首先，我们要明确评估的标准，这包括确定哪些核心能力是供应链所必需的，如生产能力、交货速度、质量控制、服务能力、创新能力、财务稳定性等，并为这些能力设定清晰的等级标准。这些标准可以是定量的，也可以是定性的，但定性的也要通过专家打分的方式变为定量的，以确保评估的公正性和准确性。

评估过程中，我们会将供应链成员的实际能力与之前设定的能力等级进行对比，深入剖析它们在各项关键能力指标上的实际表现。其次，我们也会考察成员之间是否存在能力的互补性，这种互补性能够增强供应链的整体实力，提升供应链的灵活性和应对风险的能力。

为了更直观地展现能力匹配度，我们会根据评估结果为每项核心能力指标打分,等级越高分数越高,并且还可以根据核心能力的重要性,通过内部讨论或专家咨询,为每一项指标分配相应的权重,然后将各项核心能力得分乘以权重,然后求和,最终汇总成一个匹配度指数。这个指数能够帮助我们更全面地了解供应链成员的能力状况,为后续的优化工作提供有力的数据支持。

下面是一个更专注于能力和任务匹配程度的评估模型。

【案例】

CPSW公司供应链组织间能力与任务匹配度评估模型

评估维度

(1)专业能力。

评估供应链中各个组织的专业能力是否满足当前任务的需求。

考察各个组织提供的专业能力是否互补,能否共同完成任务。

(2)资源能力。

评估各个组织提供的资源与当前任务需求的匹配程度。

分析资源在供应链中的分配是否合理,是否足以支持任务的完成。

(3)协作与沟通能力。

评估各个组织在协作完成任务时的沟通效率和协作能力。

检查组织间信息传递是否流畅,协作过程中是否存在障碍。

(4)灵活性与适应能力。

评估各个组织在面对任务变更或突发情况时的灵活性和适应能力。

分析组织能否迅速调整自身策略和资源以满足新的任务要求。

(5)风险管理能力。

评估各个组织在任务执行过程中对潜在风险的识别、评估和应对能力。

考察组织间在风险管理方面的协同配合。

（6）创新能力。

评估各个组织在面临新任务或挑战时，能否提出创新性的解决方案。

考察组织是否具备引入新技术、新方法或新流程来提升任务执行效率和效果的能力。

分析组织在过往项目中展现出的创新思维和实践情况。

评分标准（1~5分）

1分：能力与任务极不匹配，几乎无法支持任务完成。

2分：能力与任务有一定的匹配度，但仍存在明显不足。

3分：能力与任务匹配度一般，可以完成任务，但效率不高。

4分：能力与任务较为匹配，可以较高效地完成任务。

5分：能力与任务非常匹配，能够高效、准确地完成任务。

评估流程

- 明确任务需求：详细分析当前任务的具体要求和难点。
- 收集能力信息：了解各供应链组织的专业能力、资源储备、协作历史等。
- 维度评估：根据上述6个维度，对每个组织进行评分。
- 综合评估：将各维度的评分进行加权平均，得出整体匹配度评分。
- 结果反馈与改进：将评估结果反馈给各个组织，并根据评估结果进行必要的调整和优化。

这个评估模型更侧重于评估供应链组织间的能力与当前任务的匹配程度，帮助组织更好地完成任务。你可以根据实际情况对该模型进行调整和优化。

3. 实现"能力一致"的具体措施

为达成供应链成员间的"能力一致",我们可采取一系列具体措施。首先是定制化培训课程,通过精准针对供应链成员的具体需求和不足进行培训,提升它们的技术技能、管理能力和市场分析与预测能力,使其更好地承担供应链中的任务。其次是实操帮扶,通过经验丰富的成员或外部专家的现场指导和帮助,让能力较弱的成员在实际操作中快速成长,提升实际操作能力,并促进团队成员之间的沟通和协作。最后是建立资源共享与补足机制,在供应链内部实现资源共享,提高资源利用效率,同时对于长期性的能力短板,通过外部引进、合作或投资等方式进行补足,确保供应链的整体竞争力。这些措施共同推动供应链成员间的能力协同,为供应链的高效运作提供坚实保障。

【案例】

三大组织支撑丰田的供应链协同

在广阔的汽车制造领域,丰田以其卓越的供应链协同能力独树一帜。这背后,丰田 TSSC、协丰会和荣丰会三大组织功不可没。

TSSC——丰田供应商支持中心,作为技术支持的坚强后盾,不断为供应商注入新的技术活力。它派遣专家深入现场,手把手指导供应商提升工艺和管理水平。同时,TSSC 还搭建起资源共享的平台,让最佳实践和成功案例在供应链中流传,推动生产效率和质量水平的持续提高。

协丰会则像一个大家庭的家长,将供应商紧密团结在一起。它定期组织交流活动,让供应商有机会分享经验、互相学习。当遇到生产或技术难题时,协丰会便成为解决问题的集结地,大家集思广益,共同寻找最佳解决方案。

荣丰会更像是供应链中的激励站。它定期评选优秀供应商,用表彰和奖励的方式激励大家不断前进。这种机制不仅让优秀供应商得到了应有的认可,也激发了其他供应商的竞争意识,形成了一种积极向上的氛围。

这三大组织像三根支柱,稳稳地支撑着丰田的供应链大厦。在它们的共同努力下,丰田的供应链能力得到了全面提升,确保了高效、稳定的生产运营。

丰田通过 TSSC、协丰会和荣丰会等组织的协同作用,成功地实现了供应链能力的一致。这一案例不仅展示了丰田在供应链管理方面的卓越能力,也为其他企业提供了宝贵的经验和借鉴。

3.6 频繁招标,不利于协同

招标是一种采购方式,用得好,事半功倍;用得不好,事倍功半。这种方式有其独特的优势,比如可以通过竞争获取最有利的条件,确保采购方在价格、质量、服务等方面得到最优的保障。然而,有些企业频繁招标和竞标,把招标采购当成换取不当利益的筹码,买卖双方之间失去了信任,对供应链协同产生了严重不利影响。

在竞标采购中,供应商为了赢得合同,会展开激烈的竞争。这种竞争往往导致它们过于关注价格或其他有利于自身的条款,而忽视了与采购方建立长期合作关系的重要性。在这种情况下,供应商可能会采取一些短期行为,如降低产品质量或服务标准,以降低成本并提高竞标成功的概率。这样的做法显然不利于供应链的长期稳定和协同发展。

同样地,在招标采购中,采购方往往会根据供应商的报价和其他条件来选择中标者。在这个过程中,采购方可能会过于注重价格因素,而忽视了与供应商之间的协同能力。它们可能没有充分考虑到供应商的技术能力、创新能力、交货能力等方面的优势,从而错过了与优秀供应商建立长期合作关系的机会。

然而,这并不意味着竞标采购和招标采购就完全不能促进协同合作。实际上,通过一些策略和方法,我们可以在采用这些采购方式的情况下实现更好的协同效果。首先,采购方要选择那些适合招标的采购品类进行招标采购,也可以在招标文件中明确说明对协同合作的要求和期望。这样,供应商在提交投标书时就会充分考虑这些因素,并在报价和条件上做出相应的调整。其次,采购方还可以与供应商进行深入的沟通和交流,共同探讨如何实现双方利益的最大化。通过这种方式,双方可以增进对彼此的了解和信任,为未来的协同合作打下坚实的基础。

此外,建立长期合作关系也是促进协同合作的重要途径之一,招标采购也可以招一个"大标",比如签订一个长周期的采购合同。在长期合作关系中,买卖双方可以更加深入地了解彼此的需求和能力,并通过共同解决问题、分享资源和信息等方式来加强协同合作。这种合作方式不仅可以提高采购效率和降低成本,还可以提高双方的竞争力和市场地位。为了实现这一目标,我们可以采取一些措施来推动长期合作关系的建立和发展。例如,我们可以签订长期合同或战略合作协议,明确双方的权利和义务;我们可以设立专门的沟通渠道和机制,确保双方之间的信息交流畅通无阻;我们还可以定期评估合作效果,及时调整合作策略和方向。

我们要坚信,做任何事情都是有方法的,虽然竞标采购和招标采购在某些情况下可能不利于协同合作,但通过采取适当的策略和方法,我们仍然可以在采用这些采购方式的情况下实现更好的协同效果。关键在于我们要充分认识到协同合作的重要性，并在实际操作中注重长期合作关系的建立和发展。只有这样，我们才能在激烈的市场竞争中保持领先地位，实现持续稳定的发展。

3.7 用竞争代替管理，不利于协同

很多企业管理供应商的方法似乎只有一招："不行就换"，迷信竞争，并且强调市场经济就是竞争。它们频繁地进行招标，不断地更换供应商，每月根据供应商的绩效调整订单比例，希望通过这种方法激发供应商之间的竞争意识，从而推动供应商自主地进行改进和提升自身能力。然而，在实践中，这种过度竞争往往给供应商带来了巨大的不确定性。在这里我想特别指出，用竞争代替管理，不利于协同。

供应商在这种竞争环境下，很难预测自己与采购方的合作关系能够维持多久。它们今天可能还在合作，但明天就可能因为价格、质量或其他因素而被替换掉。这种不确定性使得供应商难以制定出长期的发展规划和投资策略，因为它们不知道自己的投入是否能够在未来得到回报。这种短期的合作心态也降低了供应商与采购方之间的信任度，双方难以建立起稳固的合作关系。

当新的供应商进入这个体系时，它们需要花费大量的时间和精力来熟悉采购方的需求、流程和文化。在这个过程中，很难立刻实现协同合作。新供应商需要时间来适应和融入这个新的环境，而采购方也需要花费精力来指导和培训新供应商。这种频繁更换供应商的做法不仅增加了采购成本和时间成本，还降低了整个供应链的效率和灵活性。

因此，虽然竞争在一定程度上可以激发供应商的改善动力和提升能力，但过度竞争也会给供应链带来很多负面影响。为了实现长期稳定的

合作关系和协同发展，采购方和供应商之间需要建立起相互信任、共同发展的合作机制，通过加强沟通、增加透明度、共同解决问题等方法来推动协同合作的发展，从而实现双赢的局面。

【案例】

过度竞争下某电子厂的供应链困境

某大型电子厂在过去几年中一直采用频繁招标的策略来管理其供应链。它坚信，通过不断引入新的供应商和加强竞争，可以促使供应商不断降低成本、提高质量，并加快创新速度。然而，这种策略最终导致了供应链的混乱和不稳定。

首先，由于频繁更换供应商，该电子厂不得不花费大量时间和资源来重新建立与每一个新供应商的关系。这不仅包括合同谈判、质量审核和交货期安排等常规工作，还包括对新供应商的生产能力、技术水平和质量管理体系进行全面评估。这种重复劳动不仅增加了成本，还延长了产品的上市时间。

其次，过度竞争导致供应商之间缺乏信任和合作。每个供应商都试图在价格上压倒对手，以获得更多的订单。这种零和博弈的心态使得供应商不愿意分享信息、共同解决问题或进行联合创新。相反，它们更倾向于采取短期行为来保护自己的利益，如降低质量标准、使用廉价原材料或缩减售后服务。

最终，这种过度竞争的策略对电子厂的声誉和市场份额造成了负面影响。由于产品质量不稳定、交货期延误和售后服务不佳等问题频发，消费者开始对该品牌失去信心。同时，竞争对手也利用这个机会抢占了市场份额。

这个案例表明，虽然竞争在一定程度上可以推动供应商的提升，但过度竞争会破坏供应链的稳定性和协同作用。为了实现长期成功，采购方需要与供应商建立长期、互利的合作关系，并通过共同解决问题、分享信息和联合创新来推动整个供应链的协同发展。

3.8 大企业更应该重视供应商管理

对于大企业，尤其是那些处于行业领先地位或具有创新性的企业来说，供应商的培养和能力提升显得尤为关键。就像本书前面讲到的，对于已经处在头部、处在行业领先地位的企业，现有的供应商已经不能满足其发展的需要，市场也没有现成的供应商可以更换。因此，大企业需要采取积极措施，帮助供应商提升能力，达到"能力一致"，实现共同发展。

具体怎么做呢？以下是对大企业在供应商的培养和能力提升方面的具体建议。

（1）建立长期合作关系。

与供应商建立长期稳定的合作关系是提升供应商能力的基石。大企业可以通过签订长期合同、商定合作期限和明确双方权利义务等方式，为双方的合作提供坚实的保障。这种长期合作关系有助于增进彼此的了解和信任，为后续的协同工作奠定良好的基础。

（2）设立供应商发展基金。

大企业可以从自身的利润中拨出一定比例的资金，或者与供应商共同出资，设立一个专门的供应商发展基金。该基金主要用于支持供应商的技术研发、设备升级、市场拓展等关键领域的发展。供应商可以根据自身的发展需要，向基金提出申请，经过评估后获得资金支持。为确保基金的有效运作，大企业需要建立一套完善的管理机制，包括基金的筹集、使用、监管和评估等环节。同时，还需要设立一个专门的基金管理委员会或委托专业机构进行管理，确保基金的安全和有效使用。

（3）提供技术支持和培训。

大企业可以利用自身的技术优势，为供应商提供必要的技术支持。这包括共享技术资源、提供技术解决方案、协助解决技术难题等。通过技术支持，帮助供应商提升技术水平，改进生产流程，提高产品质量和生产效率。大企业还可以定期为供应商提供培训服务，包括管理培训、技术培训、市场培训等。培训内容可以根据供应商的实际需求和企业的发展战略进行定制。通过培训，帮助供应商提升员工素质，提高管理水平，增强市场竞争力。

（4）建立评估和激励机制。

为了确保供应商不断地进行自我完善与提升，大企业需要建立一套完善的评估和激励机制。定期对供应商的绩效进行评估，根据评估结果给予相应的奖励或惩罚。这可以激励供应商不断改进自身，提高服务质量。同时，大企业还可以与优秀供应商建立更紧密的合作关系，共同开拓市场、应对竞争。

（5）促进供应链协同。

大企业往往是供应链的链主，在供应链中有足够的影响力，应致力于促进整个供应链的协同发展。通过加强供应链上下游企业之间的沟通与协作，实现信息共享、资源互补和风险共担。这有助于提升整个供应链的竞争力，从而为大企业和供应商带来更大的商业价值。

大企业重视供应商培养并提升供应商能力是实现持续发展和保持竞争优势的关键。通过建立长期合作关系、设立供应商发展基金、提供技术支持和培训、建立评估和激励机制以及促进供应链协同等措施，大企业可以与供应商共同成长、共创辉煌。其中，设立供应商发展基金与提供技术支持和培训是提升供应商能力的两个重要手段，需要大企业给予足够的重视和投入。

3.9　以大欺小，最终受损的是自己

在商业世界中，"以大欺小"似乎是一种能够为大型企业带来短期利益的策略。然而，这种不公平的竞争手段往往会带来长远的负面影响，最终可能反噬企业自身。

作为买方的大型企业，可能会利用其购买力对供应商进行压价，强制要求不合理的交货期，或提出其他苛刻条件。短期内，这种做法似乎能够降低成本、提高效益。然而，长期来看，这种不公平的合作关系往往会导致供应链的不稳定。它们往往忽视了商业生态系统中各个组成部分之间的相互依存关系，以及这种不公平行为可能带来的后果。

同时，作为卖方的大型企业，也可能利用其市场地位对小型买家施加压力，例如，强制要求提前订货、下单或付款。这种做法会给小型买家带来巨大的库存和财务风险，一旦市场变化，小型买家可能面临库存积压、资金占用等困境。这种不公平的交易关系不仅会损害小型买家的利益，也会影响大型企业的声誉和长期客户关系。

让我们通过一个真实的案例来进一步了解这个问题。

【案例】🛒

以大欺小，害人也害己

在某行业，有一家大型制造企业 A 和一家小型创新型企业 B。A 企业在市场上占据主导地位，而 B 企业则以其独特的技术和产品受到行业

的关注。

起初，A企业看到B企业的潜力，决定与其合作。然而，在合作过程中，A企业凭借其市场地位，对B企业提出了苛刻的条件，包括大幅压价和缩短交货期等。B企业为了保持与A企业的合作关系，不得不接受这些不公平的条件。

随着时间的推移，B企业在这种不公平的合作关系中逐渐感到有压力。由于价格被压低，B企业的利润空间变得越来越小，甚至开始出现亏损。同时，为了满足A企业的交货期要求，B企业不得不加班加点生产，导致员工疲惫不堪，产品质量也开始出现问题。

最终，B企业无法承受这种压力，被迫宣布破产。A企业失去了一个宝贵的创新源泉和合作伙伴。

然而，事情并没有就此结束。B企业的破产在行业内引起了轩然大波，许多企业开始警惕与A企业的合作。A企业的声誉受到了严重损害，新的合作伙伴难以寻找，原有的合作伙伴也开始重新评估与A企业的关系。

更糟糕的是，由于B企业的破产，A企业不得不花费更多的时间和资源去寻找替代的供应商。然而，新供应商的产品和服务质量往往无法与B企业相媲美，导致A企业的产品质量下降，客户满意度降低。

"以大欺小"造成能力不一致、信任不一致，合作严重失衡。这个案例清楚地展示了以大欺小的后果。因此，大型企业应该认识到以大欺小的行为最终会损害自己的利益。它们应该通过建立公平、合理的商业关系来促进整个行业的健康发展。只有这样，它们才能与小型企业共同成长、共同进步，实现真正的双赢局面。

我们经常听到，某某企业重视行业生态，打造了行业生态圈；某某企业是"百草枯""所过之处，寸草不生"。这些话，反映的就是这种现象。

3.10 为何采购人员会"替供应商说话"

当供应商有诉求或困扰时,它们自然会向采购人员反映。这时,采购人员是否应该将这些"声音"转达给公司内部呢?有些人会指责采购人员"总替供应商说话",为了避免嫌疑和确保合规,通常采购人员会选择沉默,导致供应商的声音被忽视。但实际上,采购人员"替供应商说话"可以从多个角度来理解。

首先,采购人员是公司与供应商之间的关键桥梁。他们负责准确地将供应商的需求、反馈和困难转达给公司内相关部门。为了确保公司内部能够充分理解并做出明智决策,采购人员往往需要详细阐述供应商的立场。这种行为有时会被误解,但实际上,他们只是在确保信息的有效传递。例如,在某制造企业,当关键零部件供应商面临原材料价格上涨时,采购人员深入了解了供应商的调价请求,并向企业内部解释了供应商的困境和调价的合理性。这增进了企业内部对供应商要求的理解,最终制造企业做出了对双方都有利的决策,维护了与供应商的合作关系。

其次,由于与供应商的频繁沟通,采购人员更容易理解供应商的立场。这种理解可能使采购人员在某些情况下支持供应商,因为他们了解供应商的压力。但这并不意味着牺牲企业利益,而是在理解供应商的基础上,寻求双方都可接受的解决方案。有一家食品原料供应商因天气原因导致减产,无法按时供货。采购人员在处理这一问题时并没有盲目指责供应商,而是与公司协商,调整生产计划,减轻供应商的压力,并帮助其寻找其他货源。这种理解和支持不仅增强了供应商的忠诚度,也为公司的长期发展奠定了基础。

此外,维护友好的供应商关系对企业的长期发展至关重要。在与供应商打交道时,采购人员注重建立和维护信任关系。在某些情况下,"替供应商说话"是展现企业合作意愿的一种方式。但这并不意味着无条件地支持供应商的所有要求，而是在维护企业利益的前提下进行协商。在一家大型零售企业中，采购人员与一家知名品牌供应商建立了长期友好的合作关系。采购人员积极推荐该品牌的新产品，并在促销活动中给予支持。这种友好的关系提升了供应商的合作意愿，也为企业带来了更多优质资源和市场机会，实现了互利共赢。

由此可见，"替供应商说话"并非简单地偏袒供应商或牺牲本企业的利益，而是出于对企业整体利益和供应链稳定的考虑。通过准确传递信息、理解供应商困难和维护友好关系，采购人员有助于建立与供应商的信任和合作，促进企业的长期发展。因此，我们应正确理解并支持采购人员的这一行为，推动企业与供应商之间的良好合作。

3.11 供应商绩效差，一半的责任在采购方

试想一下，哪家供应商不愿意满足客户的要求呢？如果不能满足，除了供应商自身能力的原因，还有可能是因为客户，也就是采购方，没有将自己作为客户的需求表达清楚。采购人员是买卖双方之间沟通的桥梁和纽带，有责任有义务将采购方的需求，从供应商端来说，也就是"客户需求"，传递给供应商。客户需求信息要做到"全、真、精、新"。如果沟通不充分，就可能带来误解和冲突，也就不能做到"四个一致"，无法实现组织之间的高效协同。

我在给众多企业做供应链管理咨询时，使用了一个沟通工具，叫BBC（Back to Back Communication，背对背沟通），即让采购一方与供应商一方坐在不同房间里写下彼此的要求和猜测一下对方对自己的期待。BBC结果让大家大吃一惊，本以为双方都反复沟通过了，又是长期合

作,但是这个BBC结果的重合度却少得可怜,重合比例在20%～70%,可见双方误解的比例在30%～80%,沟通非常不充分。

下面我们深入地探讨一下,作为采购人员,如何构建有效的沟通机制,以便准确、及时地向供应商传递买方需求。

(1)明确共享信息的标准。

设立明确且共享的信息标准是建立沟通机制的首要任务。双方需要就关键信息,如产品规格、质量标准、交货时间和价格等达成一致。这不仅可以减少误解和冲突,还能提高工作效率和准确性。例如,在汽车制造行业,一家汽车制造商与其零部件供应商需要就零部件的精确规格、质量标准和交货时间等信息进行明确和统一的约定。

(2)定期召开结构化的会议。

定期召开供应商结构化的会议是维持良好沟通的重要途径。这些会议应该有一个明确的结构化的议程和关键议题。通过面对面的交流,双方可以更深入地了解彼此的需求和期望,并及时解决潜在的问题。例如,一家电子产品制造商可能会每季度召开一次供应商评审会议,与主要供应商共同评估过去的绩效,讨论未来的需求和改进措施。

(3)设立实时沟通渠道。

除了定期会议,实时沟通渠道也是非常重要的。这些渠道可以包括电话、电子邮件、即时通信工具等,以便双方能够对突发问题或紧急情况快速做出响应。例如,一家食品公司可能需要与其原料供应商保持实时沟通,以便在原料质量出现问题时能够立即得到通知并采取措施。

(4)建立双向反馈系统。

建立双向反馈系统可以鼓励双方持续改进和调整。供应商应该被鼓励提供对采购过程的反馈,同时采购方也应该定期评估供应商的绩效并提供反馈。这种双向的沟通有助于建立一种互信和合作的关系。例如,一家服装零售商可能会定期向其供应商提供销售数据和客户反馈,以便供应商能够更好地理解市场需求并改进产品。

(5)组织文化和语言培训。

在全球化的今天,供应商可能来自不同的国家或地区,拥有不同的文化背景和使用不同的语言。为了减少沟通障碍,提供文化和语言培训是非常必要的。这可以帮助双方更好地理解彼此的文化差异和沟通方式,并避免因此而导致的误解和冲突。例如,一家跨国公司可能会为其采购团队提供跨文化沟通培训,以确保他们能够与来自不同文化背景的供应商进行有效沟通。

如果沟通不充分,就会带来误解和冲突,产生不良后果,请看下面几个案例。

【案例1】

需求变更未通知

一家电子产品制造商在未通知其关键零部件供应商的情况下更改了产品设计。结果,供应商按照旧规格生产的零部件无法与新产品匹配,导致生产延误和成本增加。这个案例强调了及时通知供应商关于需求变更的重要性。

【案例2】

库存信息不透明

一家食品分销商未能从其供应商那里获得准确的库存信息。结果,在需求激增时,分销商发现某些关键产品缺货,无法满足客户需求。这个案例凸显了实时共享库存信息的重要性,以便双方能够做出准确的决策。

【案例 3】

技术交流障碍

一家医疗设备制造商与其国外供应商在技术交流上存在障碍。由于语言和文化差异,双方无法就设备的技术规格和维护要求达成共识。结果,设备在使用过程中出现故障,影响了医院的正常运营。这个案例强调了提供文化和语言培训以减少技术交流障碍的重要性。

通过这些案例,我们可以看到沟通不充分所带来的后果是严重的。因此,建立有效的沟通机制并确保与合作伙伴之间的充分沟通是至关重要的。只有通过良好的沟通和合作,双方才能共同应对挑战、实现共同目标并维护长期的合作关系。

3.12 优秀的采购:供应商的"总经理"

在企业与供应商错综复杂的交互中,优秀的采购人员不仅代表企业的内部需求,还是企业与供应商之间沟通的桥梁。这些出色的采购人员宛如供应商的"总经理",在供应链管理中具有不可或缺的地位,他们致力于推动双方实现"四个一致":信息一致、认知一致、信任一致和能力一致。

(1)确保信息一致。

优秀的采购人员具备深邃的洞察力,能够全面掌握企业的运营需求、市场趋势和客户期望。他们将这些关键信息精准地传递给供应商,确保双方对需求和期望有共同的理解。这种高效的信息传递机制消除了沟通障碍,使得供应商能够迅速而准确地响应企业需求,从而提升整个供应链的运作效率和市场响应速度。

（2）促进认知一致。

优秀的采购人员不仅是订单的传递者，还是企业与供应商之间战略合作的缔造者。他们深入理解供应商的运营状况、生产能力和质量控制标准，确保双方在战略层面上达成共识。通过促进这种认知上的一致性，采购人员为企业与供应商之间建立了稳固的合作关系，为供应链的稳定性和高效性奠定了基础。

（3）建立信任一致。

优秀的采购人员深知信任在供应链合作中的重要性。他们通过公正、透明的操作方式，与供应商建立起深厚的信任关系。这种信任不仅体现在合同的履行上，还体现在日常的合作与沟通中。采购人员以企业的长远利益为出发点，与供应商共同面对挑战，共同分享成功，从而构建了坚不可摧的信任堡垒。

（4）实现能力一致。

优秀的采购人员不仅关注当前的合作状态，还着眼于未来的发展。他们积极推动供应商在产品质量、生产效率以及成本控制等方面持续改进，确保供应商的能力与企业的发展需求保持一致。同时，他们还鼓励创新思维，与供应商共同探索新产品、新技术，以应对市场的不断变化。通过这种能力上的一致性，采购人员为企业与供应商之间的长期合作奠定了坚实的基础。

这"四个一致"也是供应商总经理所期待的，正是这"四个一致"促进了采购方与供应商的高效协同。

【案例】

张华的成长之路：从普通采购员到供应链管理者

在HH科技公司，张华以一名普通采购员的身份开始了他的职业生涯。然而，他并不满足于仅仅执行简单的采购任务，他怀揣着一个更大的梦想：成为优秀的供应链管理者。

他开始深入思考：供应商为什么愿意与我们合作？我们如何能为供应商创造价值，从而建立更紧密的关系？这些问题通常是供应商总经理才会考虑的，但张华认为，只有站在供应商的角度思考问题，才能更好地理解它们的需求，进而优化供应链。

有一次，公司的主要供应商因为生产成本上升而提出涨价。面对这种情况，大多数采购员可能会选择与供应商进行价格谈判或者直接寻找其他更便宜的供应商。但张华没有这么做，他选择了与供应商进行深入沟通。

他主动邀请供应商的总经理进行面对面的交流，详细了解供应商的成本结构、生产瓶颈以及市场拓展计划。通过这次沟通，张华了解到供应商涨价并非出于贪婪，而是确实面临了成本上升的压力。于是，他提出了一个双赢的解决方案：通过优化订单量来降低供应商的生产成本，同时保障公司的采购需求得到满足。这一方案得到了供应商的高度认可，双方的关系也因此变得更加紧密。

随着时间的推移，张华的这种思维方式和工作态度逐渐得到了公司和供应商的认可。最终，经过几年的努力和积累，张华成功成为供应链管理者。他用自己的实际行动诠释了什么是真正的供应链管理专家。

在这个案例中，张华的行为确实展现出了他具有"供应商总经理"的思维，以及他如何通过推动"四个一致"获得了成功。具体来说：

信息一致：张华主动邀请供应商的总经理进行面对面的交流，通过这一举动，他确保了双方信息的对称性。他详细了解了供应商的成本结构、生产瓶颈以及市场拓展计划，这使得他能够从更全面、更深入的角度理解供应商的处境和需求。这种信息的全面性和准确性不仅有助于他做出更明智的决策，还体现了他在信息获取和分析上的能力，这是供应商总经理所必备的技能。

认知一致：通过与供应商的深度交流，张华不仅了解了供应商的现状，还努力从供应商的角度思考问题。他认识到供应商涨价并非出于贪婪，而是面临着成本上升的压力。这种换位思考的能力使他能够更准确地把握供应商的需求和期望，从而在决策中考虑到双方的利益。这种认知上的一致性体现了他具有供应商总经理的全局观和战略思维。

信任一致：张华通过与供应商进行开放、诚实的沟通，建立了深厚的信任基础。他提出的双赢解决方案不仅考虑了公司的利益，也充分考虑了供应商的利益。这种以信任为基础的合作方式使得供应商更愿意与他合作，从而加强了双方的合作关系。这种信任一致性是供应商总经理在建立和维护供应链关系时的重要考量。

能力一致：张华通过深入了解供应商的情况，不仅评估了供应商的生产能力和成本控制能力，也对自己公司的采购需求和策略有了更清晰的把握。他提出的优化订单量的方案，实际上是在确保双方能力匹配的基础上，通过调整采购策略来适应供应商的生产能力，从而实现供应链的高效运作。张华的做法不仅提升了供应链的整体效能，也强化了供应商与公司之间的协同作战能力。

在这个案例中张华通过推动"四个一致"获得了成功，展现出了他具有"供应商总经理"的思维方式和能力。他不仅解决了具体的问题，还为公司的供应链管理带来了更长远的发展视角和更稳健的合作关系。

3.13 采购：供应链资源的协同者

采购人员的工作，不仅仅是简单的"买东西"，他们在供应链中所承担的责任远超过简单的物料采购工作，而是作为整个供应链资源的整合者与协调者存在。

为了确保供应链的高效，采购人员要与供应商搭建沟通桥梁，明确合作规矩，建立清晰、高效的沟通机制，确保信息传递质量，包括定期的碰头会议、及时的电子邮件交流以及利用便捷的在线平台，从而实现信息的实时更新与共享。这种紧密的沟通确保了双方之间的合作能够基于明确的"游戏规则"进行，使得各自的责任和权益都得到充分的了解和尊重。

为了进一步加强协同，采购人员还致力于与供应商之间的信息共享。信息就是力量，但在供应链中，力量来自信息共享。采购人员会主动与供应商分享重要的市场预测、库存情况和生产计划等信息。这样，供应商就能与采购方使用"同一版本"的信息，更精准地了解需求，提前做好准备，对市场的变化迅速做出反应。

此外，采购人员与供应商紧密合作，共同制订计划和进行决策。共同制订详细的采购、生产和物流计划，明确种类、数量和时间表，优化物流路线和库存水平。这种深度合作，确保了各种计划间的协调一致，确保了供应链的各个环节都能够紧密衔接，实现最高的运作效率。在决策过程中，采购人员要充分汲取供应商的建议和反馈，为整个供应链带来最优的效益。

采购人员还根据实际的市场需求和动态，灵活地调整供应商的数量和地理布局，以构建更为合理和高效的供应链网络。同时，与供应商的深入协商也帮助采购方优化了采购成本，并确保了交货期的准确性，从而实现了双方的共赢。

我曾经为某新能源车企做过一个"供应链管理提升"的咨询项目，以下是对这个案例的总结。

【案例】

跳出采购看采购：点、线、面、体框架下的供应链协同策略

在供应链中，采购是核心环节之一，影响着整个链条的效率和成本。为了促进供应链协同，我们需要从"点、线、面、体"四个维度重新审视和优化采购。

1. 点的聚焦

核心观点：精确瞄准供应链中的关键采购点，以优化采购策略，进而促进整个供应链的高效协同。

实施路径：精确识别供应链中的关键采购点。对这些关键点进行深度剖析，发掘成本削减和价值提升的空间。与供应商在这些核心领域建立深度合作关系，携手探索成本降低、质量提升及交付加速的途径。

2. 线的连接

核心观点：借助采购活动的纽带作用，确保供应链各环节的紧密衔接，实现信息的无障碍流通和流程的高效执行。

实施路径：确立采购部门与生产、销售及物流等部门间的高效信息共享机制。精简采购流程，剔除冗余环节，缩短等待时间，从而提升整个供应链的响应速度。引入先进的供应链管理软件，确保各环节数据的实时更新与共享，以提高协同作战的效率。

3. 面的拓展

核心观点：借助采购活动，拓宽供应链的合作网络，吸纳更多优质供应商，进而增强供应链的弹性和适应性。

实施路径：积极开展新供应商的搜寻与评估工作，引入具有竞争力的合作伙伴。与供应商构筑长期稳定的合作关系，携手应对多变的市场

环境。定期对供应商进行绩效评估与调整,确保供应链的持续优化与高效运行。

4. 体的融合

核心观点:将采购活动深度融入企业的整体战略与供应链大环境之中,实现与宏观经济、政策环境的和谐共生。

实施路径:密切关注宏观经济动态与政策变化,灵活调整采购策略以适应外部环境的变化。充分利用政策优势,积极寻求与政府部门及行业协会的合作契机,以降低采购成本。将采购战略与企业整体发展战略紧密结合,确保采购活动能够为企业的长远发展提供有力支撑。

从这个案例中,我们可以看到,通过"点、线、面、体"四个维度的综合优化与协同作战,采购活动不仅能够实现成本降低与效率提升,还能为企业创造更为丰厚的价值,进而推动整个供应链实现更高层次的协同与发展。

3.14 战略一致性:打破企业隔阂、部门壁垒

"一致性"是协同的基石。在企业之间,受利益、认知、技术手段等多方面的影响,往往存在一道难以跨越的沟壑,阻碍了彼此间的协同;而在企业内部,部门之间也常筑起一堵墙壁,阻碍了信息共享与协同。为了打破这种企业隔阂、部门壁垒,实现供应链各环节的协同合作,强调战略一致性变得至关重要。这具体体现在三个层面:横向一致、纵向一致以及供应链成员间的一致性。

横向一致着重于部门之间的协同合作。现代企业管理,强调权责分工、专业化分工,这样确实可以提高工作效率,然而,过于强调分工,

或者分工不合理，或者过分将KPI与薪酬挂钩，也很容易导致"隧道视野"，即每个部门只看见自己的狭窄隧道，只关注自己的"一亩三分地"，只关注自己的任务和KPI，而忽视了与其他部门的协同。为了实现部门间高效协同，企业需要建立畅通的沟通渠道，制定协同工作流程，并积极培育协同文化。例如，采购早期参与研发，销售、生产、采购、物流协同预测，通过这些措施，企业可以促进部门之间的紧密合作。

管理就是沟通、沟通、再沟通，通过沟通，促进部门间"四个一致"，实现协同。以下是一些关于跨部门沟通的建议。

（1）建立沟通桥梁。

除了定期的跨部门会议，还可以设立专门的跨部门沟通平台，如企业内部社交媒体或协作工具。这些平台能够提供更为灵活和即时的沟通方式，促进信息的快速流通和共享。

（2）统一沟通语言。

为了减少误解和提高工作效率，企业应推广通用术语和定义。通过培训和教育，使员工能够理解和使用统一的语言进行沟通。这有助于消除部门间的沟通障碍，提高工作效率。

（3）营造互信氛围。

企业应倡导开放、坦诚的沟通氛围，鼓励员工提出意见和建议。通过增强信任和尊重，可以建立更加紧密的合作关系，推动跨部门协同的深入发展。

纵向一致则要求各个职能部门的工作与企业战略目标保持高度一致。这意味着每个职能部门在制订和执行计划时，都应与企业的整体战略紧密相连，确保在实现部门目标的同时，也在为实现企业整体战略做出贡献。为了实现这一目标，企业应明确传达战略目标，把企业战略计划（SP）解码为企业经营计划（BP），进而从上到下分解为部门战略、部门关键绩效指标以及个人业务计划和个人绩效指标，然后定期进行绩效评估，并根据需要同步进行调整。古人云，上下同欲者胜。通过这些措施，企业可以确保职能部门的工作与企业战略保持高度一致，上下协同、上下同欲。

除了横向和纵向一致，供应链成员间的一致性也是实现组织之间高效协同的重要一环。企业与供应商、分销商等供应链其他成员之间的紧密合作和协同作战至关重要。其中，供应商早期参与（Early Supplier Involvement，ESI）与协同计划、预测和补货（Collaborative Planning, Forecasting, and Replenishment，CPFR）是两种重要的供应链运作模式。通过采用这些模式，企业可以与供应链成员实现战略上的一致性，并确保从战略到执行的无缝衔接。

供应商早期参与（ESI）模式的核心在于，在产品开发初期就让供应商深度介入，共同参与新产品的开发。这种策略体现了整合的思想，即更早地将供应商纳入管理范畴，在早期就听取供应商的建议，使供应商能够提前进行生产准备，确保产品在从开发到投放市场的整个过程中都处于可控状态。

而协同计划、预测和补货模式则强调供应链各环节之间的紧密合作和信息共享。它旨在提高计划准确性、响应速度和供应链效率，为企业带来诸多优势，如降低库存、节约成本、提高市场响应速度等，对企业的供应链管理产生积极的影响。

在企业管理中，不同的管理策略往往导致不同的管理结果，这在供应商管理上尤为明显。其中，牧羊式供应商管理和猎人式供应商管理是两种截然不同的策略。

牧羊式供应商管理强调与供应商建立长期、稳定的合作关系。这种策略会促进供应链成员间在利益、认知、技术上的协同。在这种策略下，企业会积极协助供应商提升能力，优化供应链整体绩效。这种策略的特点包括长期合作、共同发展、信息共享以及实现双赢。通过这种策略，企业可以与供应商共同设计产品、优化生产工艺，并推动供应链整体成本的降低和质量的提升。实践案例表明，以丰田公司为代表的日系车厂多采用这种策略，并取得了显著成效。

相比之下，猎人式供应商管理则追求短期利益最大化，通过不断更换供应商来降低成本、提高议价能力。这种策略下，供应商成员间在利益上相互博弈，在认知上彼此隐瞒，在技术上互不沟通。这种策略没有战略一致性，往往导致企业与供应商之间的关系紧张，缺乏长期稳定的合作基础。其特点包括短期利益导向、频繁更换供应商、缺乏信任以及缺乏风险预警。在这种策略下，企业可能会面临供应链中断、质量不稳定等高风险问题。实践案例表明，以福特公司为代表的部分美系车厂曾采用这种策略，但在金融危机等外部冲击下暴露出诸多弊端。

实践中，牧羊式供应商管理和猎人式供应商管理各有优缺点和适用场景。但在当前数字化转型的大背景下，我相信会有越来越多的企业倾向于采用牧羊式供应商管理策略来构建稳定、高效的供应链体系。

3.15 要设立一对互相矛盾的指标

"人不会做你期待做的事情，只会做你考核的事情"，这句话说明绩效考核在企业管理中有强大的导向作用。绩效考核指标设立不好，就会"各扫门前雪"或者"各自为战"，大家都追求完成自己的指标，从而忽视了整体最优。因此，如何设立绩效考核指标，很有讲究，需要智慧。

在实践中，有两种做法，一种是设计一些相互矛盾的绩效指标，起到制衡作用，平衡不同指标之间的冲突；另一种是设计一些共同的指标，让大家"心往一处想，劲儿往一处使"，实现整体最优。

下面，我们通过两个案例来感受一下，如何设立相互矛盾的考核指标和如何设立共同的指标。

【案例1】

MM公司：平衡矛盾指标以提升供应链绩效

某电子产品制造商MM公司，为应对市场挑战，决定优化供应链，通过设立矛盾指标促进内部协同，提升整体绩效。

针对成本与质量，公司设立指标要求采购部门降低成本，同时设立供应商质量指标，把好供应商来料这一关，确保生产部门生产高质量产品。两部门紧密沟通，寻找成本与质量的平衡点，既降低成本又保持产品质量。

为平衡交付速度与库存，公司要求物流部门和销售部门确保准时交付，库存管理部门则保持低库存减少风险。三部门协同工作，通过精准预测市场需求和优化配送，实现快速交付与低库存并存。

此外，为兼顾供应链柔性与成本，公司要求供应链管理部门为供应链各环节设立快速响应指标和总成本控制指标。快速响应会增加成本，成本控制要求降低成本，这两个相互矛盾的指标促使各部门必须紧密合作，灵活调整供应链策略，使供应链成本降低而不失柔性。

这些矛盾指标的设立，加强了组织内部各部门的协同。采购、生产、物流、销售和库存管理等部门通过信息共享和紧密合作，找到了各项指标之间的平衡点。这不仅提升了供应链效率和灵活性，还使公司更好地适应了市场变化，满足了多样化的客户需求。

最终，这些努力转化为实实在在的成果。公司产品质量得到提升，交付速度更快，库存水平更加合理，供应链更加灵活且成本得到有效控制，提升了供应链整体绩效。

在设计这些相互矛盾的指标时，我们需要确保它们与企业的整体战略目标一致，并且能够在不同部门和层级之间实现有效的沟通和协同。同时，需要定期评估和调整这些指标，以确保它们能够适应市场环境和业务需求的变化。

我们再看另外一个案例，通过设立共同的指标，实现供应链整体最优。

【案例2】

互锁机制，确保华为组织协同

华为的整体战略目标是，成为全球领先的通信技术解决方案提供商。为了确保这一目标得以顺利实现，公司高层将战略目标层层分解到各个部门，为每个部门设定了具体的关键绩效指标。

在绩效指标的设计上，华为特别强调了指标的互锁性。例如，研发部门与销售部门共同承担了新产品上市时间和销售额的绩效指标。这种设计确保了研发部门在开发新产品时，能够充分考虑到销售部门的市场需求和客户反馈，从而实现产品的市场适应性。同时，销售人员也会更加积极地推广新产品，因为他们知道这将直接影响到自己的绩效。

为了促进跨部门的协同合作，华为成立了多个跨部门项目组，并定期召开协同会议。这些会议为各部门提供了一个信息共享、问题解决的平台，有效打破了部门之间的壁垒。此外，华为还优化了内部流程，确保各部门在协同过程中能够高效衔接，最大限度地减少内耗。

为了构建利益共同体，华为将相关部门的绩效奖金进行了绑定。这意味着，如果某个部门的表现不佳，将直接影响到其他相关部门的奖金。这种利益共享、风险共担的机制，极大地增强了各部门的团队协作意识，促使大家共同努力提升整体业绩。

在实施互锁机制的过程中，华为始终保持着对效果的持续监控和调整。公司定期对绩效指标进行回顾和更新，确保其与公司整体战略保持一致。同时，华为也密切关注市场动态和行业趋势，以便及时调整战略目标和绩效指标。

最后，华为的文化和价值观在互锁机制的实施中发挥了关键作用。公司强调以客户为中心、以奋斗者为本的核心价值观，鼓励员工积极践行互锁理念。通过培训和宣导，华为确保员工充分理解和认同公司的互锁机制，从而在工作中自觉践行，共同推动组织的高效协同。

本章小结
追求"四个一致"，日本企业偏爱新大学生

组织协同，关键在人，下面解读一个案例，作为本章小结。

在第1章，我提出了"OPPT"模型，其中一个P代表"人"（Personnel）。供应链从战略到执行都离不开人。那么，从协同的角度来看，什么样的员工更容易促进协同呢？日本企业倾向于招聘新毕业的大学生，这一现象背后蕴藏着深层的考虑。

日本企业对新毕业大学生的偏好，可以看作是其对"四个一致"（信息一致、认知一致、信任一致、能力一致）的执着追求。这些企业认为，新毕业的大学生如同一张白纸，尚未被职场经验所固化，因此更容易接受新观点和知识。这种特性使他们能够迅速融入企业文化，与团队达成认知一致，从而高效执行企业策略。同时，他们对权威的尊重和对信息的开放态度，也有助于在企业内部建立信任一致和信息一致的环境。

在供应链管理中，大学生和成熟员工各有优势。大学生由于缺乏职

场经验，往往更加灵活和开放，能够迅速适应新环境，接受新事物。这种特点使他们在面对供应链管理中的复杂问题时，能够提出创新性的解决方案。而成熟员工则以其丰富的经验和专业技能著称，在应对工作挑战时更加游刃有余。灵活调配这两类员工并促进他们之间的合作，可以使他们的能力相互补充，并与所承担的任务紧密匹配，从而实现供应链的高效协同。

为了实现这一目标，企业需要明确供应链管理的核心技能和知识需求，并制定相应的人才培养目标。最终，通过精心规划的人才培养和招聘策略，企业可以补齐人才短板，打造一支高效协同的供应链团队。

附：中采商学专业采购人员能力素质模型（四大核心能力简化版）

1. 高级采购员

（1）供应商选择能力。

能够全面分析供应市场，评估不同供应商的综合实力，明确选择特定供应商的战略价值，对供应商进行全生命周期管理。

深入理解供应商的行业地位、发展潜力以及与本企业战略的契合度，确保对供应商的选择有助于企业长远发展。

具备全球视野，能够识别并评估国际供应商的潜在优势，为企业拓展国际市场提供支持。

（2）价格分析能力。

精通成本构成分析，能够深入剖析产品价格背后的各项成本因素，确保采购价格的真实性与合理性。

具备强大的数据分析能力，能够通过市场数据、历史采购数据等多元信息，对价格进行科学的预测和判断。

在谈判中能够准确阐述价格决策的依据，以数据和事实支持价格谈判的立场。

（3）合同风险与合规控制能力。

精通合同法律法规，能够制定和完善合同条款，有效降低合同风险。

能够识别和评估合同履行过程中的潜在风险，并制定应对措施，确保合同顺利执行。

对国内外合规要求有深入了解，确保采购活动符合相关法律法规和国际贸易规则。

（4）双赢谈判能力。

具备高超的谈判技巧，能够在保护企业利益的同时，实现与供应商的双赢合作。

在谈判中能够灵活运用各种策略，有效化解冲突，推动谈判取得实质性进展。

注重建立长期合作关系，通过谈判促进双方互信，为未来的深入合作奠定基础。

2. 中级采购员

（1）供应商选择能力。

能够根据采购需求，对供应商进行系统的评估和筛选，确保选择的供应商符合要求。

了解供应商的生产能力、质量控制能力和服务水平，为选择提供依据。

能够与供应商建立良好的沟通机制，及时了解供应商的最新动态，为选择提供参考。

（2）价格分析能力。

能够进行市场价格调研，了解同类产品的价格水平，为采购价格决策提供支持。

掌握基本的成本分析方法，对供应商提供的报价进行合理评估。

能够在谈判中运用价格分析数据，争取更优惠的采购价格。

（3）合同风险与合规控制能力。

熟悉合同的基本条款和格式，能够参与合同的起草和审核工作。

了解合同履行过程中的常见风险点，并采取相应的预防措施。

对合规要求有一定了解，能够确保采购活动的合规性，避免法律风险。

（4）双赢谈判能力。

掌握基本的谈判技巧，能够在谈判中争取到合理的价格和条款。

注重与供应商的沟通与协作，寻求双方共同利益的平衡点。

能够在谈判中展现企业的诚意和专业性，促进双方建立长期合作关系。

3. 初级采购员

（1）供应商选择能力。

协助收集并整理供应商信息，了解供应商的基本情况和产品特点。

在上级的指导下参与供应商的初步筛选工作。

学习并掌握供应商评价的基本方法和指标。

（2）价格分析能力。

协助收集市场价格信息，了解产品价格的市场水平。

学习基本的成本构成知识，对产品价格有初步的认识和理解。

在上级的指导下参与价格谈判的准备工作。

（3）合同风险与合规控制能力。

了解合同的基本内容和条款，协助执行简单的采购合同。

学习合同履行过程中的风险点和合规要求。

在上级的指导下处理合同执行过程中的简单问题。

（4）双赢谈判能力。

了解基本的谈判流程和技巧，在上级的指导下参与简单的谈判工作。

学习如何与供应商进行有效的沟通和协作。

培养诚信、专业的谈判态度，树立良好的职业形象。

第4章

供需之间精准对接：
重在产销平衡

导 语

核心观点：供需之间精准对接需要产销平衡，它要求产出与需求在数量、质量、时间和结构上达到相对一致。否则就是，想要的没有，不想要的一大堆，要么短缺、要么积压，造成严重浪费。

库存要不多不少，这是供应链管理水平的体现，供需之间精准对接的理想状态就是"零库存"。供应链管理追求的是产销平衡，准确地说，是产、供、销平衡，以达成供应链稳定、高效、有韧性的目标。

4.1 供需之间精准对接：供应链管理的主线

作为企业的管理者，你是否经常看到企业运营中存在着一些乱象：库存积压严重或频繁缺货，生产计划频繁调整，销售满意度下滑，供应链不稳定……这些问题都指向了一个核心：供需之间的对接不够精准。

在库存管理方面，我们是否经常面临库存量过高，导致资金被大量占用，或者库存量不足，使得客户订单难以及时满足的尴尬局面？这种库存的失衡，不仅影响了资金的周转效率，还可能导致产品过期、损坏，进而增加企业的运营成本。

从生产层面来看，生产计划的频繁变动、生产线的停运，又或者是产能过剩造成的资源浪费，这些都是生产与销售需求不匹配的直接后果。这种不匹配不仅影响了生产效率和产品质量，还可能给企业的声誉和市场份额带来长远的影响。

在销售环节，客户满意度的下滑、投诉率的上升，甚至市场份额的缩减，这些都可以追溯到供需对接不精准。如果我们的产品和服务不能满足客户的需求，那么客户自然会选择离开，转向其他能够满足他们需求的企业。

再深入到供应链管理方面，供应商的合作不稳定、物流效率低下、产品交付延迟或成本攀升，这些问题同样源于供需之间的不精准对接。一个稳定的供应链，需要供需双方的紧密合作和精准对接，以确保产品的及时交付和成本的有效控制。

那么，如何才能实现供需之间的精准对接呢？

首先，我们需要建立完善的信息共享机制。通过信息化手段，实时共享销售数据、库存数据、生产数据等，以便各环节能够根据实际需求进行及时调整。这样，我们就可以避免库存的积压和缺货现象，提高资金的周转效率。

其次，我们需要加强与供应商的合作与沟通。通过建立长期稳定的合作关系，确保供应商能够按时、按质提供所需的原材料和零部件。同时，我们也要定期对供应商进行评估和调整，以确保供应链的稳定性和高效性。

再次，我们还需要优化生产计划和管理流程。通过引入先进的生产管理系统和技术手段，提高生产计划的准确性和灵活性。同时，我们也要加强生产现场的管理和监控，确保生产过程的顺利进行和产品质量的稳定提升。

最后，我们需要建立完善的反馈机制和客户关系管理系统。通过收集和分析客户的反馈意见和需求信息，及时调整产品和服务策略，以满足客户不断变化的需求。同时，我们也要加强与客户的沟通和互动，提高客户满意度和忠诚度。

供需之间的精准对接不能仅是一个口号或者一种理念，它需要我们在实际工作中不断去实践和优化。只有通过精准对接供需信息、加强各环节之间的协同合作、优化生产和管理流程、建立完善的反馈机制和客户关系管理系统等措施的实施，才能真正实现供需之间的精准对接，推动企业的稳健发展。

在这个过程中，我们还需要不断学习和借鉴行业内的最佳实践和经验教训，以便更好地应对市场变化和客户需求的变化。同时，我们也要保持开放的心态和创新的精神，积极探索新的供需对接模式和方法，为企业的长远发展注入新的活力和动力。

供需之间精准对接源于本书核心理论"SCM321"模型中的"2"，它是供应链管理要解决的两个核心问题之一，是其中的一条工作主线。通过实现精准对接，企业可以在成本控制、效率提升、客户满意度、风险管理和资源配置等多个方面获得显著优势。因此，在未来的供应链管理中，企业应致力于提升供需对接的精准度，不断优化管理流程和技术手段，以适应不断变化的市场环境和客户需求。

现在，我们再想一想，供需之间精准对接，对接的到底是什么呢？

4.2 精准对接的核心：数量、质量、时间和结构匹配

我们一直在说"精准对接"，那供需之间的精准对接到底指的是什么？它是供需在数量、质量、时间和结构上的完美匹配。这是供应链管理的核心目标之一。

然而，精准对接只是一个理想状态，在实际操作中，供需不平衡却屡屡出现。那么，为什么理想与现实之间存在这么大的差距？

精准对接的理想状态包括以下几个方面。

- 数量精准：供应商提供的产品数量与客户需求完全吻合，既无过剩也无短缺。
- 质量精准：产品严格符合客户的质量要求，无瑕疵或偏差。
- 时间精准：产品按时交付，不早不晚，满足客户的时间节点。
- 结构精准：提供的产品类型、规格完全符合客户的需求结构。

接下来，我们将从 To C 和 To B 两个业务角度，深入探讨供需不平衡的具体原因，并结合实际案例，以期从具体事件中感受其背后的缘由。

1. To C 业务中的供需不平衡原因

在面向消费者的市场中，供需不匹配主要由以下因素导致：

（1）生产能力的局限性。

设备陈旧、劳动力短缺和资金不足限制了生产能力。

（2）市场需求的快速变化。

消费者偏好、收入变化和社会文化趋势影响采购决策。例如，在智能手机市场，消费者对摄像头、电池续航等功能的偏好不断变化，同时，环保意识提升，使制造商难以准确预测。

（3）供应链的不稳定性。

供应商问题、国际贸易因素、自然灾害和政治动荡等均可能导致供应链中断。

2. To B 业务中的供需问题

在面向企业的市场中，供需不匹配的原因更为复杂：

（1）供应链的长链条与多层次。

供应链各个环节之间的协同可能出现问题。例如，信息传递不畅、利益冲突或协调不足等问题。或由于供应链惯性以及生产调整的成本和时间等因素，供应商无法迅速响应市场变化。

（2）需求的多样性和快速变化。

不同企业的特定需求和技术进步，导致供应难度增加。如电动汽车的兴起导致对电池等新型零部件的需求激增，传统供应商难以迅速适应。

（3）技术和标准的复杂性。

某些高端技术被少数供应商掌握，形成了技术壁垒，限制了选择范围。

【案例 1】

智能手机：冰火两重天

iPhone 凭借其独特设计和卓越的用户体验，赢得了消费者的热烈追捧，但其初期的供应量却远远无法满足这种狂热的需求。结果，许多渴望拥有 iPhone 的消费者只能在苹果店外排队等待，甚至出现了黄牛倒卖手机的情况。诺基亚手机曾因其坚固耐用而备受消费者喜爱，但随着智能手机时代的来临，消费者对手机功能的需求发生了翻天覆地的变化。诺基亚未能及时洞察到这一市场需求的巨大转变，导致其在智能手机市场"黯然离场"。

【案例 2】

传统燃油车供应商，错失新能源车市场良机

由于供应链的复杂性和多层次结构，汽车制造商与零部件供应商之间的信息传递常常面临延迟或失真的问题。例如，随着电动汽车的兴起，对高性能电池的需求急剧增长。然而，由于供应链的长链条和信息传递的滞后性，传统燃油汽车零部件供应商在转型以满足新需求方面遇到了巨大挑战。技术和标准的复杂性进一步加剧了这一问题，使得供需结构出现了严重的不匹配。

这种不匹配不仅影响了汽车制造商的生产计划和市场响应速度，还可能导致资源的浪费和成本的增加。

数量、质量、时间的精准对接比较容易理解，下面我再讲一下供应结构的精准对接。

在供需关系中，结构上不能精准对接指的是供应商提供的产品组合

或型号、配置与市场需求之间不匹配。简而言之，市场上的需求与供应商提供的产品在结构上存在偏差。

举个例子，市场上可能更偏爱具备某种特定功能或设计的产品，然而供应商的产品线中却恰好缺少这一类产品，也可能供应商的产品种类与市场需求相匹配，但产品的具体配置，如性能、功能、尺寸等与市场需求不符。

想象一下，你是一位热爱户外运动的消费者，希望购买一款轻便、防水的户外背包，以便在徒步武功山的旅途中使用。你充满期待地走进一家户外装备专卖店，希望找到那款心目中的理想背包。

然而，你在店里浏览了一圈后发现，虽然店里摆满了各式各样的背包，但它们要么是沉重的登山包，适合长途跋涉和露营使用；要么是时尚的城市背包，更适合日常通勤。你找不到一款既轻便又防水的户外背包，这让你感到非常失望。这种供需之间的"错位"，导致供需关系出现了裂痕。

这些案例充分证明了在复杂的供应链环境中，实现供需精准对接是一项艰巨的任务。

4.3 精准对接的极致：零库存

零库存，不仅是供需精准对接的标志，还是供应链管理智慧和效率的象征。在快速变化的市场环境中，它代表着企业能够在采购、生产、销售等各个环节实现物料的动态平衡，避免不必要的库存积压。

想象一下，原材料、半成品和产成品不再是堆积如山的存货，而是根据实际需求精准流转，这需要何等的洞察力和执行力。

零库存的实现，是企业对资源利用效率的极致追求。它意味着降低库存成本、减少资金占用，进而提升企业整体运营效率和市场竞争力。同时，这也是对供应链管理能力的一次全面检验，要求企业在信息传递、协同工作等方面达到前所未有的高度。

值得注意的是，零库存并非绝对意义上的无库存，而是在满足市场需求的前提下，通过精细化管理实现库存最小化。这需要企业在供应链的每个环节都做到"精准"把控，从研发到计划，从采购到生产，再到最终的交付，每一步都必须精打细算、严丝合缝，如同瑞士手表的精密齿轮般相互契合。而这背后，则依赖于企业内外部的高效协同与信息共享，确保所有决策都基于准确且及时的市场情报。

（1）精准研发。

精准研发是实现零库存的起点。在产品研发阶段，企业需要深入市场调研，明确客户需求和偏好，确保产品设计与市场需求紧密相连。通过数据分析和用户反馈，不断优化产品设计，提高产品的市场竞争力。此外，精准研发还包括对新技术、新材料的敏锐洞察，以及时调整产品策略，适应市场的不断变化。

为了实现精准研发，企业需要建立跨部门协作机制，确保研发部门与市场、生产等部门的紧密沟通。通过定期的项目评审和进度跟踪，确保研发方向正确、进度可控。

（2）精准计划。

精准计划是实现零库存的关键环节。企业需要根据市场需求预测和销售数据，制订精确的生产和销售计划。这要求企业具备强大的数据分析能力，能够准确预测市场趋势和客户需求。同时，企业还需要建立灵活的生产计划调整机制，以应对市场的突发事件和需求波动。

为了实现精准计划，企业需要建立完善的计划管理体系，明确各部门职责和协作方式。通过定期的计划评审和调整，确保计划与实际需求保持一致。

（3）精准采购。

精准采购是实现零库存的重要保障。企业需要根据生产计划和库存情况，精确计算所需物料的数量，并与供应商建立紧密的合作关系，确保物料的高质量和及时供应。

为了实现精准采购，企业需要建立完善的供应商评价体系，对供应商的产品质量、交货期限、价格等方面进行全面评估。同时，通过与供应商建立长期合作关系，确保供应链的稳定性。

（4）精准生产。

精准生产是实现零库存的核心环节。企业需要采用精益生产方法，根据订单和生产计划精确安排生产进度。通过实时监控生产数据，及时调整生产策略以提高生产效率和产品质量。

为了实现精准生产，企业需要建立完善的生产管理体系，明确生产流程和质量控制标准。同时，通过引入先进的生产设备和技术，提高生产自动化水平，减少人为干预和误差。

（5）精准交付。

精准交付是实现零库存的最后一环。企业需要建立完善的物流配送体系，确保产品能够按照客户要求的时间、地点和数量准确送达。通过与客户保持紧密沟通，及时处理配送过程中的问题，提升客户满意度。

为了实现精准交付，企业需要建立完善的物流管理体系，明确配送流程和时效标准。同时，通过与优秀的物流公司合作，确保产品的及时、安全送达。

以上这些策略的落地，需要定期进行销售与运营计划（S&OP）会议，确保销售、市场、生产、采购等部门的信息同步和协同。

4.4 精准研发：打造"适销对路"的产品

在过去，产品研发常依赖直觉和有限的市场调研，如同赌博，风险极大。然而，随着市场竞争的加剧和消费者需求的多样化，"靠赌"的研发模式已行不通。因此，"精准研发"应运而生，它强调通过深入市场调研、用户参与、供应商协同和内部高效流程，确保产品紧密贴合市场需求。

1. 客户端：让用户成为研发的合作伙伴

想要产品适销对路，就要让用户参与到产品的研发过程中。小米公司就是这方面的佼佼者，它通过社区运营模式，成功地将用户变成了研发的合作伙伴。

在小米社区，用户不仅仅可以交流和分享使用心得，更重要的是，用户的反馈和建议能够直接影响产品的研发方向。小米会定期在社区发布新产品或新功能的构想，邀请用户参与讨论和投票。这种互动模式让小米能够精准把握用户需求，从而研发出更符合市场期待的产品。

以 MIUI 系统为例，它持续受到用户喜爱，很大程度上得益于小米社区中用户的真实反馈。通过每周更新和实时互动，小米不仅及时修复系统问题，还根据用户需求不断加入新功能。这种深度的用户参与，确保了产品的市场适应性。

2. 供应端：与供应商建立紧密的合作关系

在产品研发过程中，与供应商的合作也至关重要。马勒汽车零部件公司（以下简称马勒）就深知这一点，它与供应商建立了紧密的合作关系，以确保产品的质量和性能。

马勒从产品研发的初期就与供应商进行深入沟通和合作，不仅关注价格和交货期，还重视技术上的交流和协作。它邀请关键供应商参与设计讨论，确保零部件设计满足整体产品性能和可靠性要求。同时，与供应商共同研究新材料和工艺，以提高产品耐用性和降低成本。

此外，马勒还注重供应商的持续改进和创新能力，定期评估供应商性能，并提供必要的支持和培训。这种深度的供应商参与，为产品质量和供应链效率提供了有力保障。

3. 内部协同：通过 IPD 流程实现高效研发

华为公司的 IPD（Integrated Product Development，集成产品开发）流程，是一个高度集成和协同的产品开发流程。这个流程强调跨部门、跨系统的协同工作，以确保产品的市场适应性和竞争力。

在 IPD 流程中，研发、市场、生产、供应链等部门紧密合作，共同参与到产品开发的过程中。市场部门提供详细的市场分析和用户需求信息，为研发团队指明设计方向；生产部门和供应链部门提前介入，确保产品的可制造性和可采购性。这种前置的协同工作大大减少了后期可能出现的问题和变更。

同时，IPD 流程还强调持续进行验证和改进。通过定期的评审和测试，团队能够及时发现并解决问题，确保产品质量和性能达到预期要求。这种内部协同的研发模式不仅提高了工作效率，还显著提升了产品的市场竞争力。

想象一下，作为客户或消费者，你被邀请参与钟爱品牌的新产品研发，每个出自你手的建议都可能塑造未来产品。当你的点子被认可，甚至被采纳和使用，那种难以言表的成就感就会涌上心头。

身为供应商，与客户并肩研发，探索新材料、新技术，力求产品至善至美。此刻，你不再是简单的服务提供者，而是真正的合作伙伴。深度参与带来的责任感与荣誉感让你备感振奋。当产品成功问世时，你的自豪之情油然而生，因为那凝结了你的智慧与付出。

作为企业内部研发团队成员，你与其他部门携手共进，致力于打造市场新宠。市场部门提供敏锐的市场洞察，生产部门提供精湛的工艺，供应链部门确保资源的充足供应。各部门如家人般紧密合作，共商产品大计。当产品赢得市场喝彩时，那份团队荣誉与成就感将让人激动不已。

用户参与研发、供应商早期介入以及企业内部高效协同，我相信，这种精准研发的模式一定会成为未来产品研发的主流。

4.5 精准采购：用 5R 原则指导供需对接

实现供需之间的精准对接，采购环节至关重要。采购所遵循的 5R 原则，即适时（Right time）、适量（Right quantity）、适质（Right quality）、适地（Right place）、适价（Right price），在实现与供应商间的数量、质量、时间和结构精准对接方面发挥着举足轻重的作用。

以下是运用 5R 原则达成精准对接的具体方法。

适时（Right time）：与选定的合适供应商构建稳固的合作关系，确保交货时间达成共识。通过共享市场需求预测，供应商能预先规划生产，保障准时交货。同时，通过合同明确交货期限及奖惩措施。

适量（Right quantity）：结合企业需求预测与库存状况，与供应商商定合理的采购量。通过实时监控库存和销售数据，动态调整采购数量以维持供需平衡。

适质（Right quality）：明确产品质量要求，与供应商共同制定质量控制流程。定期质检与评估，确保产品持续达标，并在合同中明确质量责任与违约条款。

适地（Right place）：选择地理位置便利的供应商，以降低物流成本和减少时间延误。同时，考虑供应商的地域与产能分布，确保其能及时响应采购需求。考虑供应商地理位置便利性的同时，要根据市场需求与产品特性，制定包含不同规格、型号、品牌的采购策略，与多个供应商合作，以分散风险并提升采购灵活性，即通过多样化的采购策略，实现结构上的精准对接。

值得注意的是，尽管"适价"（Right price）在数量、质量、时间和结构的精准对接中不直接起作用，但合理的价格也会引导需求、重塑需求，间接影响着精准对接。因此，与供应商对接时，价格因素同样不容忽视，以确保采购活动的整体效益最大化。

【案例】🛒

结构精准对接，减少库存积压和缺货

某电子产品制造企业面临市场竞争加剧和消费者需求多样化的双重挑战。过去，企业产品结构与市场需求存在脱节，导致库存积压与热门产品缺货问题并存。

为解决这一问题，企业加强与主要供应商的合作，力求实现产品结构的精准对接。首先，通过市场调研和数据分析，锁定了最受欢迎的产品及潜在增长领域。接着，邀请供应商共商产品规划，根据市场需求调整产品结构，确定了新的产品线和生产计划。

在产品结构调整中，企业减少了滞销产品的生产，将资源转向生产热销和具有增长潜力的产品，并引入新规格和功能以满足消费者多样化的需求。同时，通过实时销售数据和客户反馈，定期与供应商协同调整

产品结构和生产计划。

此举成功减少了库存积压和缺货现象，展示了结构精准对接的重要性和价值，为企业带来了显著的业绩增长。

实现 5R 原则的前提是找到"合适的供应商"。在选择时，除了对产品的质量、成本、交货期限等进行考量，还需重视战略匹配、价值观和文化匹配。这包括供应商的发展战略与采购方的长期目标是否契合，产品市场定位是否互补，技术发展方向是否一致，以及双方在商业道德、质量观、客户观以及组织文化、沟通机制、灵活适应性等方面的匹配度。这些因素的全面考量将有助于找到真正"合适"的供应商，从而实现更为精准的供需对接。

4.6　产销平衡会：最高级别的供应链会议

要实现供需之间的精准对接，需要精准计划。供应链管理，一端是需求管理，要做到精准预测；另一端是供应管理，要做到精准采购。计划要把产、供、销拉通，做到精准计划，实现产销平衡。通过产销平衡会，制订"一个计划"。

有些公司有产销平衡会，有些公司还有销售与运营计划（Sales and Operations Planning，S&OP）会议，如果两个会都有，那么产销平衡会讨论的是当下的问题，S&OP 会议讨论的是中长期的问题。为了简化流程和提高决策效率，许多企业选择将这两个会议合而为一。这种合并方式不仅有助于解决信息不一致、认知不一致、信任不一致、能力不一致的问题，还能促进企业内各部门的紧密合作。

顾名思义，产销平衡会解决的是不平衡的问题，准确地说，是产、供、销不平衡的问题。S&OP会议解决的是中长期资源规划匹配的问题。尽管两者焦点不同，但目标都是优化资源配置。在本书里，我将两个会议合而为一，统一用产销平衡会表述。

我在给企业做供应链管理咨询时，总是反复强调，这是一个非常、非常、非常重要的会，用了三个"非常"表示这个会议的重要性。在供应链管理中，产销平衡会无疑是一个高级别的供应链会议。这个会议汇聚了企业内多个关键部门的决策者，以共同审视和调整公司的整体供需策略。正因为产销平衡会涉及公司众多核心部门的高层管理者，它被视为供应链管理的"大脑"，是最高级别的决策会议。

1. 会议的关键参与者及其角色

产销平衡会的成功实施依赖于多个关键部门的决策者。以下是这些参与者的具体角色。

- 高层管理人员：为会议提供战略指导，确保销售与运营决策和公司整体战略、财务目标相符。
- 销售与市场部门主管：分享市场趋势、客户需求和销售预测，为供需计划提供重要输入。
- 供应链与采购部门管理者：关注物料供应、库存、生产能力和分销网络，以保障供应链的顺畅运行。
- 生产与运营部门：提供关于生产能力、工艺改进和生产计划的专业建议。
- 财务部门：从财务分析、预算控制和资金管理的角度，为决策过程提供必要的支持。
- 产品研发部门主管（如涉及新产品开发或重大变更）：参与讨论，确保产品设计与市场需求和生产能力相匹配。

这些关键决策者在产销平衡会中交换信息，充分辩驳，达成一致，获取承诺，实现部门间的高效协同，共同制订一个指导统一行动的供需计划，该计划既能满足市场需求，又能实现企业的盈利目标，同时优化资源配置。

我曾在一汽大众建厂初期见证过产销平衡会的巨大作用，当时，汽车刚刚开始进入家庭，市场团队经验不足，预测不准，部门之间各自为政。产销平衡会，被时任总经理陆林奎视为解决部门之间协同问题和供需精准对接的关键。经过若干次成功的产销平衡会，各部门之间实现紧密合作，提高了运营效率，同时也增加了销量。作为咨询师，我也辅导过一些公司开展产销平衡会，积累了丰富的经验。

面对需求波动、预测不准、供应不稳等不确定问题，产销平衡会成为一种强大的工具，能够助力企业从容应对。

2. 产销平衡会流程

产销平衡会的成功与否，很大程度上取决于其流程的严谨性和执行的有效性。以下是会议的关键流程步骤。

（1）数据收集与准备：在会议召开前，相关部门需充分收集并整理销售数据、市场需求预测、库存状况以及生产和供应链能力等关键信息。这些关键信息将为会议提供重要的决策依据。

（2）预备会议沟通：为确保会议的高效进行，可以在正式会议前召开预备会议。这一环节旨在明确会议目标、议程和所需资料，同时解决初步的问题和分歧。

（3）正式会议：在正式会议上，各部门需要就销售预测、生产计划、库存管理和供应链协同等核心议题进行深入讨论。通过充分的沟通和协商，团队应达成一致的销售与运营计划。

（4）决策与行动：会议结束后，团队需将讨论结果转化为具体的执行计划，并明确责任人和时间表。同时，设立关键绩效指标以监控计划的执行情况。

（5）后续监控与调整：在实施计划的过程中，团队需定期监控关键指标，并根据实际情况进行调整和优化。

产销平衡会作为一种有效的管理工具，能够帮助企业实现销售与运营的高效协同。通过严谨的流程和有效的执行，企业可以优化资源配置、提高运营效率并应对市场挑战。

4.7 成功的产销平衡会，要明确输入和输出

一次成功的会议，需要明确会议的输入和输出，明确会议要讨论的问题。只有这样，大家才知道会前应该准备什么，会上应该讨论什么，会后应该做什么。

1. 输入：会前应该准备什么

（1）需求计划。

- 销售预测报告，包括历史销售数据、市场需求分析以及预测数据。
- 需求计划制订时考虑的销售和市场趋势，以及产品生命周期对需求的影响。

（2）供给计划。

- 现有的运营计划，包括生产计划、库存计划等。

- 产能评估,特别是瓶颈产能的识别,以确保供应可以满足需求。
- 粗产能计划(RCCP)资源清单,将运营计划转换为每个资源的工作负载单位。

(3)跨部门协同信息。

- 产品部门的新产品开发进度和市场投放计划。
- 财务部门的资金约束条件和财务目标。
- 人事部门的人员配备计划和招聘需求。

2. 会中:会上应该讨论什么

产销平衡会解决的就是产、供、销不平衡的问题,更进一步说就是"人、机、料、法、环"不平衡的问题,我这里再加一个"财",以评估财务资源,如现金流、预算、成本控制情况,要更多关注现金流情况。

3. 输出:会后应该做什么

(1)综合计划。

- 一套集成了销售、市场、产品研发、制造、采购和财务等各部门计划的综合计划。

(2)决策结果。

- 根据产销平衡会的讨论,确定是否需要调整现有的销售预测、库存计划、生产计划等。
- 识别并解决供需之间的不平衡,确保供应链的稳定性和响应市场需求的能力。

(3)具体行动计划。

- 针对识别出的问题和风险,制订具体的行动计划和应对策略。
- 确定各部门的执行计划和时间表,以达成企业的总体经营战略目标。

(4)财务评估与预算。

- 从财务角度评估基于现有的需求计划和供应计划,企业的商业目标和财务目标是否可以达成。
- 制定或调整预算,以确保计划的实施符合公司的财务状况和长期发展战略。

通过产销平衡会的输入和输出,企业能够实现各部门计划的整合和协调,确保市场需求得到及时响应,同时优化资源配置,提高运营效率和客户满意度。

以下是我开发的产销平衡会检查清单(简化版),以帮助团队在会议上系统地评估产销平衡或产、供、销平衡的情况。

【案例】

产销平衡会检查清单(简化版)

(1)人员(人)。

- 当前人员配置是否满足生产需求?
- 是否存在人员短缺或过剩的情况?
- 员工的技能水平和培训需求是否得到评估?

(2)设备(机)。

- 现有设备的产能和效率是否满足需求？
- 设备维护状况和预防性维护计划是否到位？
- 设备故障对生产的影响有哪些，并有何应对措施？

（3）物料（料）。

- 原材料的库存水平和供应链稳定性如何？
- 供应商的可靠性和交货周期是否满足要求？
- 物料质量控制和检验流程是否完善？

（4）方法（法）。

- 当前的生产流程和方法是否高效？
- 有无探讨改进生产流程以提高效率的可能性？
- 生产过程中的质量控制措施是否得当？

（5）环境（环）。

- 生产环境是否安全且符合相关法规？
- 环境因素（温度、湿度等）对生产和产品质量有何影响？
- 如何改善生产环境以提高效率和产品质量？

（6）财务（财）。

- 企业能否满足产、供、销各环节的资金需求？
- 各部门预算是否在合理范围内执行，有无显著超支？
- 面对市场波动、供应链中断等突发情况时，财务部门是否有应急预案？

在产销平衡会上，团队成员可以根据这个检查清单逐项讨论和评估，以确保所有关键方面都得到充分考虑。通过这种方式，团队可以更有效地识别需求和供应之间的不平衡，并制定出相应的策略来调整和优化产销或产、供、销的平衡。此外，这个检查清单还可以作为持续改进的工具，帮助企业在未来的产销平衡会中不断优化和调整其运营策略。

4.8 一个计划，一个指挥

前面我讲到，一切行动听指挥，步调一致才能得胜利，这个"指挥"就是计划，这个"步调"就是客户需求。在企业管理体系中，销售计划、生产计划、采购计划和库存计划是构成企业运营骨架的四大支柱。然而，这些计划如果各自为政，各有各的主张，"一人一把号，各吹各的调"，没有形成统一的整体，就无法实现产、供、销的平衡，进而影响企业的整体运营效率和市场竞争力。因此，"一个计划，一个指挥"的理念应运而生，它强调了计划之间的一致性和协同性，以实现企业资源的优化配置和运营的高效性。

所谓"一个计划"，并非简单地将各个部门的计划拼凑在一起，而是要求这些计划在内容、目标和执行步骤上达到高度的一致性。这种一致性需要通过产销平衡会这一关键机制来实现。在平衡会上，销售、生产、采购和计划等部门的负责人齐聚一堂，共同商讨产、供、销不平衡的问题，并为这些不平衡的问题找到妥善的解决方案，因此，这个计划已经全面考虑了市场需求、生产能力、原材料采购和库存管理等诸多因素，可以确保各部门之间的紧密配合和无缝衔接。

要实现"一个计划"，首先要做到的是拉通各个部门之间的沟通和协作。在传统的企业管理模式中，各部门往往各自为政，缺乏有效的信息共享和协同机制。这种情况会导致企业在面对市场变化时反应迟钝，甚至出现内部矛盾和冲突。而通过产销平衡会，各部门可以充分讨论和交流，打破信息壁垒，形成对企业整体战略和市场需求的共识。

在实现"四个一致"的基础上，形成一个经过充分讨论并得到大家认可的权威计划。这个计划具有全面性、可行性和权威性等特点。全面性意味着它综合考虑了销售、生产、采购和库存等各个方面的需求和资源，确保各方面之间的协调和平衡。可行性则是指计划是在充分了解各部门实际情况和能力的基础上制订的。而权威性则体现在计划经过各部门的充分讨论和认可后，具有很高的指导意义和约束力。

"一个指挥"则是对这一权威计划的执行和监督。一旦计划确定，它就成了企业运营的"指挥棒"，所有部门和个人都必须尊重并严格按照计划执行各项工作。为了确保计划的落地执行，我们还需要建立完善的执行和监督机制。这包括明确各部门的责任分工，确保每个人都清楚自己的职责和目标；定期回顾计划的执行情况，及时调整策略以适应市场变化；以及建立与计划执行相匹配的激励机制，鼓励员工积极参与并贡献自己的智慧。

4.9 用计划管住变化，以不变应万变

在企业运营的过程中，我们常听到"计划没有变化快"这样的话。这确实是一个现实的挑战，市场环境、客户需求以及内部资源状况似乎总是在不断地变化。然而，这并不意味着我们应该放弃制订计划或者轻视计划的重要性。相反，一个明智的做法是，在制订计划时，既要考虑其稳定性，又要使其保持一定的灵活性，以便应对那些不可预测的变化。

首先，计划的稳定性是供应链管理的原则。一个稳定的计划能够为企业提供清晰明确的方向和目标，确保各个部门能够在统一的指挥下协同合作。这种稳定性避免了"一人一把号，各吹各的调"的混乱状况，使得企业资源能够得到最高效的利用，从而减少内耗和浪费。为了实现计划的稳定性，企业需要对客户需求端和所有相关部门提出明确的要求，引导它们遵循既定的计划，尽量减少不必要的变动。

1. 如何通过计划来约束或引导客户需求的变化

为了实现计划的稳定性，首先需要确保计划的明确性与一致性。计划必须被清晰地阐述，并被所有相关部门充分理解。当各个部门都明确自己的职责和目标时，就更容易保持行动的一致性，进而减少不必要的变动。此外，定期的沟通和协调会议也是确保所有相关部门保持同步的关键，这样可以减少因误解或信息不一致而导致的不必要变化。

对于客户需求端，合同与协议的约束是至关重要的。通过与客户签订合同或协议，可以明确双方的责任和期望。在合同中详细规定服务级别协议（Service Level Agreement，SLA），包括明确的服务范围、响应时间、质量标准等，这有助于引导客户不必频繁地更改需求或期望，从而保障服务的稳定性和可预测性。

建立严格的变更管理流程也是关键。任何对计划的修改都应该经过正式的审批流程，这不仅可以确保变更的合理性和必要性，还能让所有相关人员都清楚了解变更的原因和可能带来的影响。此外，要让客户明白每次变更都可能带来额外的成本和时间的延误，从而促使他们在提出变更请求时更加谨慎。

为了更有效地引导大家遵循计划并减少变化，设立激励与惩罚机制也是很有必要的。例如，可以奖励那些严格遵循计划、有效减少不必要变更的部门或个人；同时，对频繁变更或未经批准擅自变更的行为进行相应的处罚。

2. 计划如何灵活应对外部的变化

然而，稳定性并不意味着一成不变。计划同样需要具备一定的灵活性，以便应对外部环境的变化和内部运营的挑战。一个灵活的计划能够让企业迅速调整策略，及时抓住市场机遇，并有效降低潜在风险。为了实现计划的灵活性，企业可以采取以下措施。

（1）建立持续的市场监测机制。企业需要时刻捕捉行业动态、竞争对手的动向以及客户需求的变化。通过对这些信息的深入分析，企业可以及时调整自身的策略和产品方向，以满足市场的新需求。

（2）在制订计划时预留一定的调整空间。这样在必要时企业可以进行快速而有效的调整。此外，采用敏捷开发的模式也可以使企业在面对外部变化时能够灵活应对。这些方法强调快速响应和迭代开发的重要性。

（3）建立有效的沟通机制。确保各个部门之间能够迅速传递信息并协同应对各种变化。同时，建立有效的客户反馈机制，并及时收集与分析客户的意见和建议也是必不可少的环节。这些宝贵的反馈可以帮助企业更深入地了解客户的真实需求和市场趋势，从而指导产品的改进和优化工作。

通过精心平衡计划的稳定性和灵活性，企业可以在保持整体运营方向的同时，灵活应对各种挑战，这既需要企业领导者具备远见卓识，也需要各个部门的紧密配合和高效执行，只有这样企业才能在瞬息万变的市场环境中保持竞争优势并实现持续稳健发展的目标。

这里必须强调，"一个计划，一个指挥"的原则仍然是企业运营管理的核心基石，在坚持这一原则的同时，我们也应认识到计划并非一成不变，而是需要根据实际情况进行适时的调整和优化。

4.10 为什么欧美航空公司会超额订座

在欧美航空界，有一个颇受争议却又被广泛采用的策略——超额订座（Overbooking）。这种做法听起来似乎有些不可思议，毕竟，谁愿意买了机票却可能因为座位"超售"而无法登机呢？

然而深入了解后，我们会发现这背后的逻辑既精妙又复杂，它不仅体现了航空公司对市场需求的深刻理解，还展示了航空公司在资源优化方面的"独到智慧"。大部分乘客，对"超额订座"的评价可能是负面的，因为它给乘客带来了不便，但对于航空公司来说，却是一个提高利润的手段。

超额订座，顾名思义，就是航空公司接受的预订数量超过了其实际可提供的座位数。这一策略的核心目的在于避免座位的浪费，提高座位的利用率，从而为航空公司带来更多收益。通过超额订座，航空公司能够更有效地应对乘客的取消和缺席情况，进而最大化航班的座位利用率和收益。在实施这一策略时，航空公司会基于丰富的历史数据、市场趋势以及客户行为模式，精准地预测每个航班的座位取消率和缺席率。基于这些预测，它们会谨慎地接受超过实际座位数的预订。当然，超额订座也存在一定的风险，即可能拒载部分已预订的乘客，这无疑会影响客户的满意度。因此，航空公司通常会提供相应的补偿措施，如提供优惠、升级服务等，以尽力维护客户关系。

想象一下，作为一家航空公司的经营者，你每天需要面对成百上千的航班和数以万计的乘客。如何确保每个航班都能实现最大的收益，同时又不让任何一个座位空置浪费呢？这就是超额订座策略产生的背景。

乘客的行程往往充满了变数，有的人可能因为突发情况而临时取消行程，有的人可能因为个人原因而改变主意。这些不确定性无疑给航空公司带来了挑战。然而，通过超额订座策略，航空公司能够在一定程度上"对冲"这种不确定性，确保航班座位的最大化利用。

座位，作为航空公司最宝贵的资源，其利用率直接关系到公司的收益。超额订座策略不仅有助于提升座位的利用率，还能在一定程度上推高机票的销售价格，从而为航空公司带来更为可观的收入。

值得一提的是，航空公司并非盲目地进行超额订座。它们会依托强大的数据分析系统，根据丰富的历史数据、市场趋势以及乘客行为模式，精准地预测每个航班的座位取消率和缺席率。这样，它们就能在确保航班收益最大化的同时，尽力提升客户体验，避免失掉客户源。这种精细化的管理策略，无疑为航空公司带来了巨大的竞争优势。

除了航空公司，其他行业如酒店业也会采用类似的超额预订策略，以尽可能提高客房的出租率。

那么，作为企业管理中同样重要的供应链管理，又能从航空公司的超额订座策略中学到什么呢？

首先，供应链管理可以借鉴"超额订座"策略中的风险对冲思路。航空公司通过超额订座来"对冲"乘客行程的不确定性，确保航班座位的最大化利用。同样，在供应链管理中，企业也可以采用类似的风险对冲策略，例如，建立多元化的供应商网络，以应对供应链中断的风险，确保供应链的稳定性。

其次，企业在制订采购计划时，可以要求供应商预留一定的产能余地。这种做法类似于航空公司在超额订座时预留座位。当市场需求激增时，企业能够迅速调整采购计划，抓住商机，避免因产能不足而错失市场。企业自身也可以超额接受客户的订单，以应对部分客户取消订单或延迟履约的风险。

再次，超额订座策略中的灵活性和快速响应能力也是供应链管理可以借鉴的。航空公司需要随时准备调整策略以应对乘客需求的变化。同样，在供应链管理中，企业也需要建立快速响应机制，及时调整采购计划、生产计划和物流配送等，以适应市场的快速变化。避免让供应商预留"过多"的产能，最后没有足量订单，而招致供应商抱怨；也避免客户订单"过多"，自身不能按时交货，而导致客户不满。

最后，客户服务与补偿机制在超额订座中扮演了重要角色。当由于超额订座导致部分乘客无法登机时，航空公司通常会提供妥善的补偿措施以维护客户满意度。同样，企业在供应链管理中也应关注客户需求和满意度。当因各种原因导致客户需求无法满足时，及时提供有效的补偿措施，以维护品牌形象和客户忠诚度，这是至关重要的。

座位是航空公司的资源，产能是企业的资源，如何让企业的产能价值最大化，是供应链管理者需要学习提升的重要课题。

4.11 都是"拍脑袋"，为何别人比你准

销售无疑是供应链的"龙头"，大家都对其寄予厚望，期待销售人员能提供一个准确的预测。然而，销售预测却常常被视为一项难以完成的任务，让许多销售人员都感到力不从心。在这种情况下，大家往往只能凭借"大致"的感觉来提供一个数据。

虽然从表面上看，大家这种"拍脑袋"的决策方式似乎都差不多，但实际上，其中有天壤之别。有些人凭借精准的判断力，一次又一次地准确预测销售趋势，而有些人却在预测中频频失误。这种差别并非仅仅

源于运气或直觉,更多的是对数据和信息的应用能力。

那些预测准确的人,他们的"拍脑袋"并非凭空臆断,而是基于大量的数据分析和市场洞察。他们深知,销售预测并非简单的猜测,而是需要依据历史销售数据、市场趋势、竞争对手情况、客户需求以及经济环境等多重因素进行综合考量。因此,在做出预测之前,他们会尽可能地收集这些数据,进行深入的分析和研判,以确保预测的准确性和可靠性。

相比之下,那些频频失误的人则更多的是凭借主观臆断或盲目的直觉进行猜测。他们或许也尝试进行销售预测,但由于缺乏足够的数据支持和科学的分析方法,他们的预测往往与实际销售情况大相径庭。这种预测不是预测,而是拍脑袋"瞎蒙",不仅无法为企业的销售策略提供有效的指导,甚至还可能导致企业错过市场机遇,造成不必要的损失。

因此,我们必须明确:真正的销售预测绝非简单的"拍脑袋",而是需要严谨的数据分析和科学的研判方法。我们在第2章提到预测学的三大原理——惯性原理、相关性原理和类比性原理,依据这三个原理进行预测都需要依赖数据。惯性原理要求我们了解历史数据,通过借鉴历史来预测未来;相关性原理则要求我们掌握相关数据,依据数据间的相关性来预判未来走向;而类比性原理则要求了解类似情况的数据,基于这些数据的类比来推测未来的可能情况。这三种预测方法都着重强调了数据的重要性,因为数据是客观的,我们的预测需要建立在客观数据的基础上,并结合专业的判断。

当然,专业判断也是在数据的基础上进行的判断,缺乏数据支持的直觉是"瞎蒙"。真正的直觉往往建立在丰富的经验基础上,经过长时间的实践和积累,人们可能会形成一种对情况的直观感知,这种感知有时能够帮助我们快速做出判断和决策,这种"直觉"是有其价值的。诺贝尔奖获得者、美国管理学家西蒙说"管理就是决策"。决策依靠信息，这些信息就是这里说的"数据"和"事实"。这些数据和事实需要收集、整理，人们在此基础上进行洞察和判断，并形成决策。直觉虽然有其价值，但它也可能受到个人偏见、情绪或其他非理性因素的影响。因此，在销售预测或任何涉及数据分析和决策的领域中，仅凭直觉可能是不够的，将直觉与科学的数据分析方法相结合，可以为我们提供更全面、更准确的预测和决策依据。

具体来说，在销售预测中，我们需要重视并充分利用各类销售相关数据。历史销售数据可以帮助我们了解产品的销售趋势和季节性变化；市场趋势数据能够反映市场整体的发展方向和速度；竞争对手的数据则有助于我们了解市场竞争态势，从而调整销售策略；客户数据可以揭示不同客户群体的需求特点，为精准营销提供有力支持；而经济指标数据和内部运营数据，则能够帮助我们全面把握市场环境和企业自身状况，为销售预测提供更为全面的依据。在收集和分析这些数据的基础上，我们还需要运用科学的研判方法，如数据挖掘、统计分析等，来深入剖析这些数据背后所蕴含的市场规律和用户行为特点。

在当今这个数据驱动的时代，我们必须充分认识到数据在销售预测中的重要性，不断挖掘和利用数据中的价值，做到"有数据、有依据"，以确保决策更加科学、精准、有效。此外，我们还需要不断学习更新知识、深入一线了解市场，以便更好地理解和运用这些数据。因为数据本身并不会说话，只有通过我们的分析和解读，它们才能转化为有价值的信息和洞见。

所以，要想在销售预测中做到"拍脑袋"也有理有据，就需要我们不断地努力和学习。让我们摒弃"瞎蒙"式的预测方式，转而追求更加科学和精准的销售预测方法吧！

4.12 订货频率越高，可能客户水平越高

有时，我们可能非常讨厌客户订货频率高，比如别的客户一个月订一次货，而这个客户却一周下一次单，因为我们的计划是按月做的，例会是按月开的，预算是按月管理的，结果客户按周下单打乱了我们的"计划"。殊不知，订货频率高，或许正是因为客户水平高，当然，要求我们水平也要高。

这是为什么呢？咱们一起来分析一下。

订货频率与客户或企业的运作水平之间，实际上存在多维度、深层次的联系。这种联系不仅体现在订货的频率上，还体现在库存管理的精准性、供应链协同的效率以及整体运作的流畅性等多个方面。

首先，从库存管理的角度来看，订货频率的高低直接反映了企业对市场需求预测的准确性和库存控制的精细度。订货频率高，意味着企业的库存周转速度快，这要求企业必须具备高度精准的库存管理能力。企业需要对市场需求有深入的理解和准确的预测，才能确保在高频次的订货中，既不会造成库存积压，也不会出现缺货的情况。

相反，如果订货频率低，意味着订货间隔周期长，期间就可能发生较大变化。这可能导致两种情况：一是库存积压，造成资金占用和浪费；二是缺货，影响客户满意度和销售业绩。这两种情况都反映出企业在库存管理方面的不足，也暴露出企业在市场需求预测和库存控制上的短板。

其次，从供应链协同的角度来看，订货频率高要求供应链的各个环节，包括供应商、生产商、分销商和最终客户，都必须保持紧密的协同和高效的沟通。只有这样，才能确保在高频次的订货中，各个环节能够无缝对接，减少信息传递过程中的延误和误解，从而提高供应链的整体效率。这种紧密的供应链协同，有助于降低牛鞭效应，从而减少库存波

动和缺货风险。

相反,如果订货频率低,可能会导致供应链各环节之间的信息隔阂和协同不足。这种情况下,信息的传递和反馈都会变得迟钝,导致供应链的不确定性增加,风险也随之上升。

再次,从运作效率的角度来看,订货频率高要求企业必须具备高效的订单处理、物流配送和售后服务能力。这意味着企业需要在短时间内完成大量的订单处理、配送和售后工作,这无疑是对企业运作效率的一种严峻考验。然而,正是这种考验,促使企业不断提升自身的运作效率和服务质量,以应对高频次的订货需求。这种高效的运作模式,不仅有助于企业快速响应市场需求,还能大大提升客户满意度和忠诚度。

相反,如果订货频率低,可能会导致订单处理效率低下、物流配送延误等问题。这些问题不仅会影响企业的运作效率,还会对客户满意度造成负面影响。在竞争激烈的市场环境中,这种低效的运作模式显然是无法持续的。

对于多品种的情况来说,小批量订货更为适用。因为多品种意味着市场需求更加多样化和不确定,如果采用大批量订货的方式,很容易造成某些品种的库存积压而其他品种却出现缺货的情况。而小批量订货则有助于企业更灵活地应对市场变化,根据实际需求及时调整订货量和品种结构,从而减少库存积压和浪费。同时,小批量订货也有助于降低供应链的风险和不确定性。每次订货量小且频繁,使得供应链各环节之间的信息传递和协同更加紧密和高效,从而降低了因信息传递过程中的延误或误解而导致的风险和不确定性。

由此可见,订货频率与客户或企业的运作水平之间存在着密切的关系。订货频率高通常反映出企业具备较高的运作水平和管理能力;而订货频率低则可能暴露出企业在库存管理、供应链协同和运作效率等方面的不足。因此，企业应该根据自身实际情况和市场需求来制定合理的订货策略。

4.13　考核供应商，要评估其供应链管理能力

产销平衡，实则是产、供、销的平衡，关键在于供需之间的精准对接，这自然也包括了我们与供应商之间的紧密配合。因此，在评估供应商时，我们必须全面审视其供应链管理能力，这一评估涉及多个维度，且每个维度都需要具体的考核方法来确保其准确性和客观性。

首先，准时交付率是衡量供应商执行效率的关键指标。为了准确评估这一点，我们可以回顾供应商过去一段时间的实际交付记录，计算其准时交付的订单比例，并与供应商明确交付时间标准，以便更精确地衡量其准时交付的能力。

其次，预测准确率反映了供应商对市场需求的敏感度和应对能力。我们可以通过分析供应商提供的市场需求预测报告，将其预测数据与实际销售数据进行对比，从而计算出预测准确率。同时，观察供应商在市场变化时的反应速度和调整策略，以评估其市场洞察力和应变能力。

再次，内部订单满足率揭示了供应商内部生产流程的顺畅度和满足客户需求的能力。为了考核这一指标，我们可以检查供应商的生产计划和订单执行情况，要求其提供内部生产排程和制造工单的准时齐套率数据，以此了解其生产流程的顺畅程度和满足客户需求的能力。

此外，产能利用率也是评估供应商资源利用效率的重要指标。我们可以实地观察供应商的生产现场，了解其设备利用情况和生产效率，并结合其生产计划和实际产出数据，计算出产能利用率，以评估其资源利用的效率。

柔性与响应速度则体现在供应商对市场变化的应对能力上。我们可以通过模拟突发情况或分析历史数据来评估供应商的柔性和响应速度，例如，在订单量或交货期突然发生变化时，观察其调整能力和响应速度。

　　质量控制能力是确保供应链稳定的基础。为了全面评估供应商的质量控制水平，我们可以综合考虑供应商的产品质量、质量管理体系以及不良品处理能力，要求其提供产品合格率、不良品率等数据，并进行实地考察。

　　在供应链管理中，"供应链协同能力"的评估尤为重要。这需要我们关注供应链各方在信息共享、计划协同和风险共担方面的表现。具体来说，我们可以从以下几个方面进行考核：首先是信息共享能力，评估供应链各方之间信息共享的程度和效率，观察是否建立了有效的信息平台，以便及时传递关键信息，如库存水平、销售预测和生产计划等；其次是协同决策机制，检查是否制定了共同的规划和决策流程，评估各方在协同制订生产计划、物流安排和库存管理策略方面的合作情况；最后是协同执行能力，考察供应链各方的执行效率和合作精神，通过制定合理的绩效指标和激励机制来评估供应商在协同执行中的表现。

　　同时，我们还可以通过对比历史数据和行业标准，观察质量指标、成本指标、交货准时率、库存周转率等绩效指标的改善情况，这些指标的改善能够直观地反映供应链协同能力的实际效果。

　　最后，定期对供应商进行绩效评估也是必不可少的环节，这包括对产品质量、交货准时率、售后服务响应时间等方面的考核。供应商的绩效直接反映了供应链协同能力的强弱。

　　总之，通过深入考核供应商的供应链管理能力，特别是其供应链协同能力，我们将能够筛选出那些真正具备高效、稳定、可靠供应链管理能力的供应商。

4.14 精准对接，不仅看当下，还看长远

前面我们探讨的诸多问题，大多聚焦于解决眼前的、短期的问题。然而，从更宏观、更长远的角度来看，供需之间的精准对接不仅关乎当前的运营状况，还涉及企业中长期的战略规划和持续发展。因此，我们需要从产销平衡会的中长期职能出发，深入探讨产销平衡会在产能匹配上的重要性和实施策略，确保产品在数量、质量、时间和结构（品种、规格、配置）上的精准对接。

在这些精准对接匹配中，产能的匹配问题至关重要，产能问题解决了，"人、机、料、法、环、财"的问题就解决了。

产能，简而言之，就是企业在一定时间内能够生产的产品数量和结构。值得注意的是，这里说的产能，不仅涉及数量，还涉及品种，包括规格和配置。产能，不仅是衡量企业生产能力的关键指标，还是决定企业能否满足市场需求、实现盈利的重要因素。从中长期的职能来看，产销平衡会需要高度重视产能的匹配问题，并将其细分为标准产能、扩充产能和规划产能三个层面进行深入的分析和管理。

首先，标准产能是企业正常运营的基础。它反映了在标准工作日下，利用现有资源可以提供的生产能力。标准产能不仅有助于企业了解自身的生产状况，还是评估企业运营效率的重要依据。通过对比标准产能和实际产量，企业可以及时发现生产过程中的问题和瓶颈，进而采取相应的改进措施。

其次，扩充产能体现了企业的灵活性和应变能力。在不增加现有资源的基础上，通过临时性的加班、设备超负荷运转等方式，企业可以在短期内提升生产能力，以应对市场需求的激增。然而，这种扩充产能是临时性的、不可持续的，因此企业需要在保障产品质量和安全的前提下，

谨慎而合理地利用这一产能。

最后，规划产能是企业长远发展的基石。它涉及企业战略规划、投资决策和资源配置等多个方面。通过增加资源数量或改进生产流程和制度，企业可以逐步提高生产能力，以适应市场需求的增长和变化。规划产能不仅要求企业具备前瞻性的战略眼光，还需要企业拥有科学的决策机制和高效的资源配置能力。

当我们谈论产能时，我们不仅要关注自身的生产能力，还要将视野扩展到整个供应链。供应商的产能同样重要，因为它们的生产能力直接影响到我们的原材料供应和产品生产。因此，在评估产能时，我们需要全面考虑供应商的产能状况，甚至是供应商的供应商的产能。

为了找到制约产能的瓶颈或短板，企业需要建立一套完善的产能评估体系。这套体系应该包括定期的产能评估、瓶颈识别与改进、产能提升计划等多个环节。通过定期的产能评估，企业可以及时发现生产过程中的问题和瓶颈；通过瓶颈识别与改进，企业可以针对性地采取措施来打破这些瓶颈；而通过产能提升计划，企业可以制定明确的目标和行动方案，以逐步提升生产能力。

由此可见，从中长期的职能来看，产销平衡会需要高度关注产能的匹配问题。通过深入分析和管理标准产能、扩充产能和规划产能这三个层面，企业可以更好地把握市场需求和生产能力之间的平衡，实现持续稳定的发展。同时，将产能评估的视野扩展到整个供应链，建立完善的产能评估体系，将有助于企业找到制约产能的瓶颈或短板，并采取相应的改进措施来提升生产能力。

本章小结
"三流"精准对接，实现产销平衡

供需之间的精准对接，本质上是供应链三个流之间的精准对接。"三流"精准对接，实现产销平衡，是打造高效供应链的核心策略。

首先，物流是供应链中最直观、最基础的一环。它涉及原材料的采购、产品的生产、仓储和配送等多个环节。物流的精准对接，意味着在正确的时间、正确的地点以正确的方式提供正确的产品。这需要供应链各方之间的紧密协作和高效沟通，以确保物流的顺畅无阻。

其次，信息流在供应链中扮演着至关重要的角色。信息流涉及市场需求、生产计划、库存状况、销售数据等关键信息的传递和共享。只有信息在供应链各环节之间准确、及时地传递，才能确保各方做出正确的决策，实现供需之间的精准对接。信息流的精准对接，依赖于信息共享机制、高效的信息系统和先进的技术支持，以实现信息的实时更新和共享。

最后，资金流是供应链中不可或缺的一环。它涉及货款的支付、成本的核算、利润的分配等多个方面。资金流的精准对接，意味着在供应链中建立起合理的结算机制和财务管理体系，以确保资金的及时回笼和合理分配。这有助于降低财务风险，提高供应链的稳定性和可持续性。

为了实现"三流"之间的精准对接，企业需要建立完善的供应链管理体系，需要通过产销平衡会，达到信息一致、认知一致、信任一致和能力一致。最后，输出一个计划，达到产、供、销之间的平衡，实现数量、质量、时间和结构的精准对接。

第 5 章

一个突破口：交付要快和柔

导　语

核心观点：交付是客户最为关注、最能感知的指标，也是最影响客户满意度的指标。交付是供应链管理的"终点"，是检验供应链管理水平的"试金石"。

端到端，就应该从客户需求开始，到完成交付结束，形成交易闭环。寻找突破口，要从小处着手并落地实操。以"交付"作为突破口，一抓就灵。

"多、快、好、省"是客户的核心需求，这就要求交付要准、要快，还要柔。改善交付，需要改善"四个周期"，从交付视角向内看，才能更好地改善供应链。

5.1　交付能力的三个等级

试想一下，供应链管理的终极目标是什么？是客户满意度。如果拆解一下，我的理解是，对内降本增效，对外为客户增值。这两个看似简单的目标，实则蕴含着企业运营的智慧和精髓。它们相辅相成，共同致力于一个核心——提升客户满意度。

对内降本增效，这是企业精益管理的体现。通过优化供应链管理，我们能够精打细算，将成本控制到每一分钱，同时提高运营效率。这其中包括采购成本的巧妙优化、库存管理的精准改善，以及物流成本的精细化降低。每一环节的精益求精，都是为了助力企业在激烈的市场竞争中脱颖而出，提升盈利能力，打造企业高效运营的美好形象。

对外为客户增值，这则是企业服务精神的彰显。我们不仅要确保产品和服务的高品质，更要追求准时交付，让客户感受到我们的专业和用心。当企业能够稳定、持续地提供卓越的产品和服务时，客户自然会感受到价值的提升，从而增强对我们的信任和满意度。这种信任是企业宝贵的财富，也是企业不断前行的强大动力。

说到这，我们不得不解读一下"交付"。"交付"不仅是物理上的转移，将产品或服务交到客户手上，它还涉及与客户的沟通、需求的确认、订单的处理以及后续的跟进等多个环节。它不仅是一个简单的物流过程，更是连接企业与客户的桥梁和纽带。每一次交付，都承载着企业的承诺和客户的期待。而交付能力的高低，直接决定了企业能否在激烈的市场竞争中站稳脚跟。交付，可谓供应链管理的核心和灵魂。

我将交付能力划分为三个等级：准时交付、快速交付、柔性交付。它们层层递进，共同成就了交付。

首先，准时交付。这是供应链管理的基本要求，也是企业信誉的基石。在快节奏的商业环境中，时间就是金钱，效率就是生命。准时交付不仅是对客户最基本的承诺，还是企业严谨、高效工作态度的体现，"准时"在交付中是排在第一位的。为了确保准时交付，我们需要建立完善的供应链计划和控制体系，精确预测市场需求，合理安排生产计划，确保供应链的每一个环节都能像精密的齿轮一样紧密咬合，高效运转。

其次，快速交付。在"速度为王"的时代，快速交付无疑成了企业的竞争优势之一。快速交付强调在尽可能短的时间内完成订单交付，以满足客户对速度的追求。为了实现快速交付，我们需要优化生产流程、缩短交货周期、提高响应速度。这要求供应链具有高度的灵活性和敏捷性，能够像猎豹一样迅速捕捉市场动态，快速响应订单变化。

最后，柔性交付。在消费者需求日益个性化、多样化的今天，小批量、多品种已经成为市场的常态，没有什么是不可以定制的，因此柔性交付显得尤为重要。柔性交付要求企业的供应链一定要高效灵活，灵活调整产品的种类、数量和质量等。为了实现柔性交付，我们需要构建柔性供应链体系，加强供应链的灵活性和可变性。这样，无论市场如何变幻莫测，我们都能以不变应万变，满足客户的多样化需求。

交付能力的三个等级——准时交付、快速交付、柔性交付，就像企业供应链管理的三重境界，也是我们供应链管理人孜孜不倦的追求和使命所在。

5.2 "五个执行"，确保准时交付

准时交付是供应链管理的基本要求，也是企业赢得客户信任和满意度的关键。为了确保准时交付，我总结出"五个执行"策略，即可执行、能执行、愿执行、必执行和监督执行。下面详细阐述这五个策略。

（1）可执行。企业应确保所要求的交付周期是一个正常的交付周期，它应当符合供应市场上的常规交付周期或所对接供应商对外承诺的正常周期。正常周期意味着在正常情况下，产品的质量和交付时间不会因时间紧迫或资源不足而受到影响。

操作与解决方案：制订合理的生产计划，根据"正常的交付周期"来安排生产。同时，提前采购和储备必要的原材料和零部件，以防供应链中断。此外，对生产线进行定期维护和升级，以保障生产设备处于最佳状态。

（2）能执行。企业需要评估供应商的能力，确保其具备满足交付要求的生产能力和产能。当市场订单增加时，供应商必须有足够的能力来保障准时交付。

操作与解决方案：定期对供应商的生产能力和质量管理体系进行评估，确保其具备必要的生产能力。同时，与供应商共同制订产能扩展计划，以灵活应对市场需求的变化。此外，建立备选供应商名单，以备主供应商出现问题时能及时更换。

（3）愿执行。供应商的意愿和合作态度对准时交付至关重要。它们需要具备准时交付的积极性和责任感，以确保整个供应链的协同工作。

操作与解决方案：与供应商建立长期稳定的合作关系，通过设立激励机制，如优秀供应商奖励，来激发供应商的积极性和合作意愿。同时，保持与供应商的定期沟通，及时解决合作过程中出现的各种问题。

（4）必执行。通过合同条款来确保供应商必须按时交付。如果供应商未能履行义务，将触发违约条款并承担相应责任。

操作与解决方案：在合同中明确交付时间、质量标准等关键条款以及违约责任。同时，定期检查供应商的履约情况，并在必要时进行提醒和督促。

（5）监督执行。对于长周期物料或关键部件，监督执行是确保准时交付的重要手段，这包括到供应商现场监督、设立里程碑和检查点跟踪进度等。

操作与解决方案：对长周期物料或关键项目设立明确的里程碑和检查点以便跟踪进度。必要时派遣专员到供应商现场进行监督，确保生产进度和产品质量。同时利用信息化工具进行实时监控和数据分析，以便及时发现问题并采取措施。

"五个执行"策略，虽然在表面上看起来是五个不同的执行层面，但深究其本质，其实就是确保供应链"三个流"的执行，即确保物流、信息流和资金流三流的准确执行与准时执行。物流确保实物的顺畅移动，信息流保障信息的准确传递，而资金流为整个供应链提供必要的资金支持。

准确执行意味着每个流程都精确无误，避免出现任何差错；准时执行则强调所有流程必须按照既定的时间表进行，以确保最终的准时交付。这两个要素是"五个执行"策略的本质，是供应链管理的核心要求。

因此，"五个执行"策略在本质上是对这"三个流"的协同管理和优化，以确保准时交付。

5.3 你的交期定义可能是错的

在谈论交付时，我们不可避免地会涉及"前置期"（Lead Time），它也可以称为"交付周期"（Delivery Cycle Time，简称"交期"）。但为何我要说"你的交期定义可能是错的"？这是因为采购部门、供应商、公司内部需求部门以及客户，它们从不同角度出发，对于"交付"以及交期的定义和认知存在着显著的差异。

采购部门往往将交期视为从采购申请到货物交货的时间段，他们关注的是从提出采购需求到货物接收的整个时间跨度。供应商则认为交期始于收到采购订单，终于货物交货，它们更关心的是从订单确认到生产完成和交付的具体时间。公司的角度则更为宏观，将交期看作从需求产生到货物交货的整个过程，涵盖了需求识别、采购决策、订单处理、生产、运输和交付等所有环节。

这些差异在表面上看似微小，但实际上却可能引发一系列问题。信息不对称、计划不协调以及供应链不协同都可能由此产生。各方在沟通时可能因使用不同的时间节点和参考点而导致信息传递不畅或产生误解。不同的交期定义还可能导致各方的计划和时间表无法有效对接，进而造成资源浪费和效率降低。最终，这些差异会破坏供应链各环节之间的协同，影响整体绩效。

为了实现供应链协同，我们必须统一对交期的认知。首先，各方应共同明确交期的定义和起始点，确保在交流中使用统一的语言和参考框架；其次，建立透明的沟通机制也是至关重要的，这样各方才能及时了解彼此的需求、计划和进度；最后，基于统一的交期认知，我们需要制订协同的供应链计划，以确保各环节之间的顺畅衔接。

此外，值得一提的是，我们之前讨论的交期都是从企业的角度出发。然而，在谈论供应链时，我们更应该从客户的角度出发。客户关注的交期是从他们下单到收到产品的整个时间段。可见，传统的前置期定义，或者说大家对交期不同的理解，已经无法满足当前市场的需求。因此，我们需要将前置期的定义视为从需求沟通开始，一直到产品最终交付的整个过程。这不仅是计算前置期的变化，还是管理视角的转变。从更高、更宽的视角来管理前置期，有利于加快供应链的流动速度和客户的响应速度。

可见，交期定义的差异是导致供应链协同不畅的重要原因之一。为了实现供应链的高效运作，采购部门、供应商和公司内部需求部门必须统一对交期的认知，并在明确定义、透明沟通和协同计划的基础上展开紧密合作。只有这样，我们才能确保供应链各环节的顺畅衔接，进而提升整体绩效。

在探讨交付问题时，我们必须明确"交付周期"与"前置期"这两个概念，一般情况下，我们会将这两者混为一谈，但如果细究，会发现它们虽有所关联但定义不同，理解这一点对于供应链协同管理至关重要。为了避免混淆，我们有必要再次明确这两个术语的区别与联系。

交付周期，是指从客户下单开始，直到产品或服务送达客户手中的全过程。这个过程涵盖了客户下单、供应商订单确认、生产或服务准备、物流配送以及客户收货等各个环节。交付周期的核心是从客户需求出发到需求得到满足所需的总时间。

前置期，则是指从供应商接受订单开始，直至产品或服务送达客户手中的时间段。它主要聚焦于供应商内部的处理流程，包括订单处理、生产或服务准备，以及物流配送。值得注意的是，前置期并不包括客户下单到供应商接单这段时间。

显然，交付周期是一个更为宽泛的概念，它包含了前置期。两者之间的主要区别在于起点的不同：交付周期以客户下单为起点，前置期则以供应商接受订单为起点。尽管存在这一区别，但两者都是评估供应链效率的关键因素，并且紧密相连。优化前置期通常能够直接缩短交付周期，反之亦然。

为了实现供应链的高效协同，各方需要对这两个概念有统一的认识。在本书中，我们可能会交替使用"交付周期"和"前置期"，但请读者留意它们之间的细微差别和内在联系。通过明确这些定义，我们可以更好地理解供应链管理的复杂性，并努力提升整体运作效率和客户满意度。

这里的内容建议读者反复阅读，目的就是要体会它们之间的细微差别，感受到可能由于对交付周期的认知不一致而带来的不协同甚至误解。

5.4 端到端：真正的起点与终点

在供应链管理的语境中，"端到端"这一概念总是被频繁提及。然而，对于很多人来说，端到端依然是一个相对模糊的概念。那么，究竟什么是端到端？它的起点和终点又分别在哪里呢？为了更深入地理解这一概念，我们可以从两个维度进行剖析，即"产业链端到端"和"企业端到端"。

1. 产业链端到端

从广义的视角来看，"产业链端到端"描述了一个产品从原材料的初始生产到最终被消费者使用的完整生命周期。这个链条如同一根无形的线，将产品的各个阶段紧密地串联起来。它起始于原材料的提取或生产，经过精细的零部件加工，再到成品的组装，最后通过复杂的分销和零售渠道，将产品送达消费者的手中。这个过程涵盖了产品生命周期的每一个环节，从原材料的供应到最终的产品消费。

2. 企业端到端

相比之下，"企业端到端"更侧重于企业内部流程的完整闭环。它特指一个产品从接到客户需求开始，到最终交付到客户手中的全过程。这个过程也被称为"从订单到交付"（Order to Delivery，OTD），并涵盖了销售、生产、采购和物流等关键业务环节。在企业内部，端到端的流程是这样运作的：销售部门首先接收到客户的订单，这是整个流程的起点；随后，生产部门根据订单的要求制订详细的生产计划，并组织生产；同时，采购部门与供应商进行沟通，确保生产所需的原材料和零部件能够及时供应；当产品生产完成后，物流部门负责打包、发货和运输工作，以确保产品能够安全、准时地送达客户。该流程的核心在于各部门之间无缝衔接和信息共享，通过优化端到端的流程，企业能够提高自身的运营效率，减少浪费和降低延误，进而提高客户的满意度和忠诚度。

在供应链管理中，"端到端"强调的是"打通"和"闭环"这两个核心概念。"打通"是指打通供应链上的所有环节，实现高效协同和精准对接。"闭环"则强调从起始环节到最终环节，都要有明确的目标和进行监控，确保整个供应链流程能够善始善终，而不是半途而废。闭环管理有助于企业更好地控制供应链风险，提高整体运营效率。

从企业供应链整体角度来看，"端到端"涵盖了从订单到交付的全过程。但实际上，任何一个子过程也可以强调"端到端"。例如，从采购申请到寻源、选择供应商并签订合同，一直到验收付款，这就是一个采购流程的"端到端"闭环。下面是一个用数字化手段实现采购管理端到端的案例。

【案例】

甄云科技助力新希望六和实现数字化采购革新

作为国内领先的数字化采购服务商，甄云科技凭借先进的 SaaS 云平台，成功助力新希望六和打造出一站式数字化采购管理平台。

新希望六和作为农牧产业的领军企业，一直致力于实现全流程的数字化管理。而甄云科技的 SaaS 云平台正好满足了这一需求。双方携手合作，共同确定了打造一站式数字化采购管理平台的目标，力求实现采购流程的透明化、自动化与智能化。

甄云科技的技术团队确保了新平台的快速部署、良好的可扩展性和在线迭代能力。同时，为适应新希望六和多元化的采购需求，平台还提供了灵活的配置选项。

新平台不仅与企业内部的仓储管理系统（WMS）、企业资源规划系统（EBS）、办公自动化系统（OA）等实现了无缝对接，还完成了从寻源管理、供应商管理、订单执行到财务协同的全流程闭环管理，实现了从电子化、自动化到智能化的全面升级。

特别值得一提的是，甄云科技针对非生产物资采购，引入了电商化采购模式。这一创新不仅提高了采购的效率和体验，还统一了采购标准，有效降低了采购成本。

可见，无论是从宏观的"产业链端到端"，还是从微观的"企业端到端"来看，"端到端"的核心都在于确保产品能够从起点顺畅地流向终点，满足客户的需求并创造价值。这离不开整个供应链或企业内部各个环节的紧密协作和信息共享。要优化交付周期，就必须优化"端到端"的供应链。

5.5　缩减四个核心周期，达成快速交付

交付周期是从客户下单甚至从客户询价开始，到签订合同、执行合同，最终将产品或服务送到客户手中的全过程。这一周期的长短直接影响着客户的满意度。当前，许多企业在追求运营效率的过程中，面临着交付周期长和库存成本高的挑战。为实现产品的快速交付，我们必须聚焦于缩短从客户订单到交付的整个周期。因此，关键在于减少订单处理、

采购、生产及物流配送各环节的周期。

接下来，我将对这四个环节的周期进行深入解读，并提出相应的优化措施供大家参考，旨在实现快速交付的目标。

1. 订单处理周期

订单处理周期包括从客户询价、下单到企业确认并处理订单的全过程。为缩短此周期，可考虑以下策略。

（1）自动化与数字化升级：采用先进的订单管理系统（OMS），实现订单信息的自动录入、高效处理及实时追踪。

（2）标准化与简化：确立标准的订单处理流程，去除不必要的审批环节，使处理流程更为流畅。

（3）建立快速响应机制：确保一旦接收到新订单，就能迅速做出反应和处理。

（4）提高熟练程度：提炼并运用知识图谱，借助系统的培训和激励措施，迅速提升团队的整体业务能力和工作效率，使员工在处理订单时更加得心应手。

2. 采购周期

采购周期是指从发出采购订单到收货的过程。为了缩短此周期，可考虑以下策略。

（1）与供应商稳定合作：与交货迅速的供应商长期合作，确保供应及时和质量可靠。

（2）市场分析与销售预测：合理规划采购量，避免临时紧急采购导致的延误。

（3）优化采购流程：减少不必要的审批环节和等待时间。

（4）利用供应链管理技术：使用管理软件，实现信息共享，提高采购的透明度和协同效率。

3. 生产周期

生产周期是指从原材料投入生产到产品完成的过程。为缩短此周期，可考虑以下策略。

（1）引入精益生产：优化流程，消除浪费，提升效率。

（2）使用自动化设备：替代人工操作，提高生产效率和产品质量。

（3）合理安排生产计划：确保生产线顺畅，减少等待时间。

（4）加强质量管控：降低不良品率和返工率，提高产品质量。

4. 物流配送周期

物流配送周期是指产品出库到客户收货的过程。为缩短此周期，可考虑以下策略。

（1）与物流公司稳定合作：确保产品快速、安全送达。

（2）合理规划仓库布局和货物存储方式：减少搬运时间和成本，提升仓储效率。

（3）优化配送路线：利用物流管理系统，减少运输时间和成本。

（4）实时跟踪与信息共享：通过信息系统，跟踪货物的运输状态，提高配送过程的透明度。

如果从更宏观的角度来区分，上述周期其实可以分为两大类：物流周期和信息处理周期。物流周期由于其固有的物理特性，往往具有一定的刚性，难以在短时间内实现大的改变，例如，物流的距离、生产的节奏。相对而言，信息处理周期则具有更大的柔性，因此也成了管理改善的重点。说到底，信息处理周期就是信息流的周期。这一点再次印证了本书的观点：信息流问题一旦得到解决，供应链问题也就解决了一半。

5.6 订单处理周期，有巨大改善空间

"四个周期"都需要缩短，但最应该也最容易缩短的应该是订单处理周期，这是企业内部可以自主进行的，通过流程改善就可以迅速见效的一个周期。缩短订单处理周期对于提升企业运营效率和客户满意度都至关重要。

为了达成这一目标，我们可以将订单处理周期的缩短进一步分解为报价周期的缩短、订单评审周期的缩短以及合同审批签署周期的缩短，并积极采用数字化手段优化整个订单处理流程。

1. 报价周期的缩短

报价周期是指从客户询价到企业给出报价的时间段，它是订单处理中的关键一环。为了缩短这一周期，我们可以从以下几个方面入手。

首先，优化报价流程是关键。通过简化流程、剔除冗余环节，我们能够显著提高报价的效率。此外，建立一个预测模型也大有裨益。该模型应基于历史数据和市场趋势进行预测，构建出标准成本模型和报价模型。这样，在客户询价时，我们就能迅速给出合理的报价，而无须从头开始核算。

当然，提升报价人员的专业能力同样不容忽视。通过加强培训，报价人员可以确保报价的准确性和及时性，从而进一步提高客户满意度。

另外，在制造业中，利用大数据技术来缩短报价周期已经成为一种趋势。通过收集并分析历史报价数据，企业能更准确地评估产品成本和

市场价格趋势。同时，基于数据的预测模型能够帮助企业在客户询价时迅速做出响应，自动报价系统也能进一步提升报价的速度和准确性。

以下是一个制造业企业的案例，它展示了如何通过大数据技术优化报价流程。在制造业中，报价周期的长短直接影响着企业的竞争力和客户满意度。

【案例】

利用大数据技术，缩短报价周期

某家制造业企业长期以来面临着报价周期长、效率低的问题。由于需要等待内部核算和市场调研，客户常常要等待数天甚至更长时间才能获得报价，这不仅影响了客户体验，也限制了企业的市场拓展能力。为了解决这一问题，该企业决定引入大数据技术来优化报价流程。

首先，企业建立了一个完善的数据收集系统，用于捕获和分析历史报价数据，这些数据包括原材料价格、生产成本、市场需求、竞争对手定价等关键信息。通过对这些数据进行深入挖掘和分析，企业能够更准确地评估产品成本和市场价格趋势。

然后，基于丰富的历史数据和市场趋势，企业构建了预测模型，用于预测未来一段时间内的原材料价格变动、市场需求变化等。这使得企业在客户询价时，能够根据预测结果迅速给出合理的报价，避免了烦琐的内部核算和市场调研过程。

后来，为了进一步提高报价效率，企业又开发了自动报价系统。该系统集成了数据分析和预测模型，能够在客户询价时自动根据当前市场情况和产品成本计算出报价，并即时反馈给客户。这不仅大幅提高了报价速度，还确保了报价的准确性。在报价过程中，企业利用大数据技术实时监控市场变化、原材料价格波动等，一旦发现异常情况或市场趋势发生变化，系统会立即提醒相关人员，以便及时调整报价策略，确保报价的竞争力和准确性。

成果与启示：通过引入大数据技术，该制造业企业成功缩短了报价周期，提高了报价的效率和准确性。客户现在能够在更短的时间内获得报价，这大大提升了其客户满意度和市场响应速度。

值得一提的是，报价周期的缩短不仅可以通过内部流程优化实现，还可以借助技术创新和紧密的合作伙伴关系实现。对于不同行业的企业而言，根据自身业务特点和市场需求选择合适的策略和方法至关重要。只有这样，企业才能在激烈的市场竞争中脱颖而出，实现持续稳健的发展。

2. 订单评审周期的缩短

订单评审周期是指从接收客户订单到完成评审的时间段，它是影响订单处理速度的重要因素。为了缩短这一周期，我们首先应建立一套标准化的订单评审流程。明确的评审标准和流程能够确保整个评审过程的高效与准确。

此外，使用自动化评审工具能够显著提升评审效率并降低人为错误。同时，加强销售、生产、采购等部门之间的沟通与协同也至关重要，只有各部门紧密合作，才能确保订单评审的顺利进行。

3. 合同审批签署周期的缩短

合同审批签署周期是指从合同起草到双方签署的时间段。为了缩短这一周期，我们可以使用标准化的合同模板来减少起草和修改的时间。同时，建立电子审批系统可以实现合同的快速审批和签署，从而大幅提高审批效率。

在此过程中,与客户的及时沟通也至关重要。通过让明确双方对合同内容达成共识,可以避免不必要的修改和签署的延误。

4. 数字化手段的应用

数字化手段在提升订单处理效率方面发挥着举足轻重的作用。通过建立数字化订单管理系统,可以实现订单信息的实时更新与共享,从而显著提高订单处理效率。此外,利用自动化工具,如机器人流程自动化(RPA),能够进一步减少人为干预和错误。

我们将订单处理周期缩短进一步分解为对报价周期、订单评审周期以及合同审批签署三个周期的缩短,并积极采用数字化手段来优化整个订单处理流程。其实,我们还可以通过生产中的精益管理手段缩短订单处理周期。精益生产的方法,完全可以应用到供应链管理工作中,接下来就专门讲一讲 ECRS。

5.7 运用精益工具 ECRS,缩短订单处理周期

管理大师彼得·德鲁克在 90 岁时写了一本书《21 世纪的管理挑战》,在该书中他指出:20 世纪管理学的最伟大贡献是将体力劳动者的生产力提高了 50 倍,而 21 世纪管理学的挑战则是如何将知识员工的生产力提高 50 倍。这是一个宏大的目标,但并非遥不可及。特别是在当今这个精益生产已经深入人心的时代,我们已经在生产过程中消除了大量的浪费,同时也积累了丰富的管理经验和工具。那么,我们是否可以将这些成功的经验和工具应用到办公室,应用在知识员工管理的工作中呢?答案是肯定的。

在为企业提供管理咨询服务的过程中,我深切地感受到,无论是生产线还是办公室,管理改善的空间都是巨大的。特别是当我们用精益生产的视角去审视办公室的管理时,你会发现处处都有可以改进的地方。

在这里,我想引入一种在精益生产中常用的工具——ECRS(Eliminate,Combine,Rearrange,Simplify),这是一种优化和改进工作流程的有效方法。下面,我将详细阐述如何运用ECRS原则来优化供应链管理流程,特别是如何缩短订单处理周期。

(1)消除(Eliminate)。

我们的首要目标是消除供应链中那些不产生价值或造成浪费的步骤。例如,在订单处理流程中,可能会存在多个审批环节,其中一些可能并不真正增加价值,反而会造成时间的延误。因此,我们需要对每个审批环节进行仔细分析,识别并消除那些冗余或无效的环节。

(2)合并(Combine)。

接下来,我们要寻找那些可以合并的工作步骤,以减少切换时间和复杂性。在订单处理过程中,客户信息、产品信息和支付信息的录入可能是分散的,通过将这些信息录入环节合并到一个统一的界面中,我们可以大大提高数据录入的效率和准确性。

(3)重排(Rearrange)。

重新安排工作流程的顺序也是提高效率的关键。在供应链管理中,订单处理往往涉及多个部门,如销售、财务和物流等部门,如果每个部门都按照自己的节奏工作,而不考虑整体流程的优化,那么势必会造成时间的浪费。因此,我们需要重新安排这些部门的工作流程,确保信息的顺畅传递和高效协作。例如,一旦销售部门接收到订单,财务部门就应该立即进行信用检查,而物流部门也应随即开始准备发货,这样可以大大减少等待时间和沟通成本。

（4）简化（Simplify）。

最后，我们要努力简化复杂的工作步骤。在订单处理过程中，复杂的表格和烦琐的输入都可能导致错误和延误。通过简化订单表格，只保留必要的信息字段，我们可以降低出错的概率并提高处理速度。此外，借助自动化和智能化技术，如OCR（光学字符识别）技术，我们可以进一步减少人工操作，提高工作效率。

【案例】

星巴克服务流程优化案例

1. 消除

具体动作：

消除传统点单方式：星巴克推出了app，顾客可以通过手机提前下单，消除了到店排队点单的步骤。

效果量化：

通过手机下单的顾客比例已达到60%，有效减少了顾客店内排队时间，平均每位顾客节省5分钟。

2. 合并

具体动作：

合并支付与积分环节：星巴克会员卡与移动支付绑定，顾客支付时自动累积积分，无须额外操作。

效果量化：

支付与积分合并后，顾客满意度提升了10%，因为积分过程更加便捷。

3. 重排

具体动作：

调整咖啡制作流程：星巴克根据不同咖啡的制作时间，重新安排了制作顺序，确保热门咖啡能更快完成。

效果量化：

制作流程调整后，热门咖啡的制作时间缩短了 15%，顾客等待时间相应减少。

4. 简化

具体动作：

- 简化菜单选择：星巴克定期更新菜单，去除不畅销的产品，使顾客选择更加集中。
- 简化点单界面：优化 app 和店内自助点单机上的界面设计，使点单过程更加直观快速。

效果量化：

- 菜单简化后，顾客点单时间缩短了 20%，提高了点单效率。
- 点单界面简化后，顾客自助点单的完成率提升了 15%。

这个案例遵循了 ECRS 原则，通过具体的动作展示了如何通过消除、合并、重排和简化来优化服务流程，并给出了可能的效果量化。

5.8 "多、快、好、省"，没有最快，只有更快

"多、快、好、省"一直是客户的核心需求。其中，"多"指的是产品的多样性和服务的丰富性，以满足客户不同的选择需求；"快"则强调交付的快速和响应的敏捷性，因为快速的交付能显著提升客户的满意度

和整体体验;"好"无疑是指产品与服务的高质量,这是赢得客户忠诚度的关键;"省"则聚焦于成本效益和资源的高效利用,意味着客户希望以更低的成本获得所需,同时实现资源的最大化利用。

在这四个维度中,"快"——交付速度,往往在合同签订后成为客户最关心的问题。它直接影响到客户的等待时长和整体的服务体验。

随着电子商务、网上购物以及直播带货的迅猛发展,"即时交付"正逐渐从业内的亮点服务转变为消费者期待的基本服务。这一变化不仅得益于技术的不断进步,更反映了消费者对于购物体验的更高追求,这无疑为企业带来了新的挑战,但同时也孕育着巨大的机遇。

现代电子商务和社交媒体已经深刻改变了消费者的购物方式和期望。它们越来越重视购物的便捷性和即时性,希望下单后商品能迅速到手,甚至享受到即时交付的极致体验。这种转变正在重塑供应链的需求模式,推动供应链向更高效、更灵活的方向发展。

为了满足客户的这一核心需求,企业必须不断创新和改进。

【案例】

通过技术创新,实现"快"速服务升级

HH 公司,一家以生产精密机械部件为主的制造业企业,近年来面临着市场竞争加剧和客户对交付速度要求越来越高的挑战。为了应对这些挑战,HH 公司决定通过技术创新来提升其产品和服务的"快"度。

首先,HH 公司引入了自助服务系统。它开发了一个在线平台,允许客户自行浏览产品目录、下单、跟踪订单状态甚至自定义产品配置。这一举措极大地降低了客户与销售人员之间的沟通成本,使客户能够随时随地完成购买流程,从而加快了订单的处理速度。

接着，HH 公司引入了大数据分析和人工智能（AI）技术。它建立了一个数据分析中心，对客户的购买历史、偏好以及市场动态进行深入分析。这些数据不仅帮助公司更准确地预测客户需求，还优化了库存管理流程，确保了常用部件的充足供应。同时，人工智能在生产线上也发挥了巨大作用。AI 系统能够实时监控生产设备的状态，预测维护需求，并在设备出现故障前进行预警，从而减少了生产中断的可能性。

在物流环节，HH 公司采用了智能物流系统。它利用物联网技术为每一个货物配备了追踪器，这样客户和管理人员都可以实时了解货物的位置和预计到达的时间。此外，智能物流系统还能根据交通状况和目的地自动规划最优路线，提高了运输效率，缩短了交货周期。

为了进一步提升生产效率，HH 公司还大力推进数字化生产流程。它引进了先进的机器人和自动化设备，将原本需要人工完成的精密加工任务交给了机器。这不仅提高了生产速度，还降低了人为错误率，进一步提高了产品质量。

HH 公司还尝试将 3D 打印技术应用于产品的研发和生产。利用 3D 打印，公司能够快速制作出产品原型，进行测试和优化。一旦设计确定，又可以利用 3D 打印快速生产出小批量的定制产品，满足了客户对产品的个性化需求。

在这个追求速度的时代，"没有最快，只有更快"已经成为企业持续发展的核心原则。HH 公司通过技术创新，成功地提升了产品和服务的交付速度，满足了市场对"快"的核心需求。HH 公司案例是一个虚拟的案例，整合了不同公司的做法，具有一定的前瞻性。在追求"快"的道路上，永无止境。在传统的公司，更是具有巨大的改善空间，具体可以从改善"四个周期"做起。

5.9　确保"三柔"，实现柔性交付

确保柔性交付是供应链管理的核心挑战，它要求供应链能够灵活且迅速地响应客户多样化需求和市场变化。要实现柔性交付，关键在于提升三个方面的柔性：品种柔性、数量柔性和时间柔性。以下从这三个维度出发，详细探讨如何优化供应链管理以确保柔性交付。

1. 提升品种柔性

为了提高品种柔性，我们应将注意力集中在产品设计和生产流程的灵活性上。通过引入标准化与模块化的设计思路，产品可以由一系列通用组件和模块组合而成。这样，一旦市场需求有所变动，企业便能迅速调整产品构成，利用现有模块和组件快速创造出新产品，从而满足客户的多样化需求。

【案例1】

宜家：模块化设计提升品种柔性供货能力

宜家，全球知名的家居零售巨头，近年来通过巧妙的模块化设计策略，显著提升了产品的品种柔性供货能力，从而满足了客户定制或个性化的需求。

在传统家具市场中，定制和个性化往往意味着高昂的成本和漫长的等待时间。然而，宜家通过模块化设计打破了这一局限。它将家具拆分为多个标准化的模块，如书架单元、储物单元、桌面单元等，每个模块都可以独立生产和存储。

当客户有定制需求时，宜家能够快速地从库存中选取相应的模块，根据客户的喜好和需求进行组合。这种灵活性不仅大大缩短了生产和供

货周期，还降低了库存成本，因为模块可以预先生产并储存，随时组合发货。

此外，模块化的设计还允许客户在购买后根据个人喜好的变化或家居布局的调整，轻松更换或添加模块，从而实现家具的"持续定制"。

例如，一位客户可能最初购买了一套基本的书架组合，但随着时间的推移，他可能需要更多的储物空间。在宜家，他只需再购买几个储物单元模块，就可以轻松地将原有书架扩展为兼具储物功能的书柜，而无须购买全新的家具。

爱美之心，人皆有之，每个人都想穿一件"合体"的衣服，但每个人的体型不一样，传统服装只是根据统计将人的身高和体形分成有限的几种，无法满足每个人的需求。从前只能靠"裁缝"，尤其是在定制西服方面。但现在不一样了，这种情况已然发生了变化，让我们再来看看服装定制。

【案例2】

红领集团：高端定制与品种柔性的典范

红领集团，总部位于青岛，以高端定制服装和出色的品种柔性生产能力闻名。它能够灵活满足客户多样化需求，提供从经典到潮流的各类服装款式，并能融入特殊文化元素。更令人称赞的是，红领能够精确根据客户的身形、喜好和需求，定制独一无二的服装。

这得益于其创新的"C2M"（Consumer to Manufacturer）商业模式，即消费者对制造商的直接定制。消费者通过红领的在线平台，可自选面料、款式等，设计出满足自己个性化需求的服装。然后红领利用3D打印逻辑，以数据驱动生产，将需求转化为具体产品。

红领采用先进的生产管理系统，实时处理客户数据。订单进入系统后，自动排单、匹配板型和拆分工序，确保生产精准无误。每件定制产品都会配备专属芯片，全程监控生产流程，从而保障产品的质量。产品完成后，通过全球航运快速送达客户手中。红领的模式不仅提升了效率，更确保了每件服装的个性化与独特性。

2. 增强数量柔性

数量柔性，要求供应链能够根据客户需求快速调整产能以适应市场需求的变化。为了实现这一点，供应链应建立一种灵活的产能调整机制，包括调整生产线的工作时间、人员配置和生产流程等。此外，采用灵活的生产组织形式，如单元化生产，可以进一步提高生产效率，同时保持对产品质量的严格控制。这样，无论市场需求如何变化，供应链都能迅速调整产能以满足客户需求。

【案例】

Z公司：以一件为起订量，柔性生产的典范

Z公司已成功实施以一件为起订量的生产模式，无论客户订购1件、10件、100件还是1000件产品，Z公司都能灵活应对并完成订单。其数量柔性的实现，主要归功于以下几个核心因素。

首先，Z公司采用了模块化、可调节的生产设备，这使得生产线能够轻松适应不同规模的订单。这种灵活性确保了无论订单大小如何变化，生产线都能迅速调整以满足客户的实际需求。

其次，Z公司引入了先进的生产管理系统，该系统能够实时跟踪订单状态并调整生产计划，从而确保生产活动始终严格遵循客户的要求。这一系统助力Z公司根据不同订单数量高效地进行生产安排。

最后，Z公司建立了高效的内部沟通与协作机制。当订单数量发生变动时，公司内部能够迅速传递信息，各部门之间紧密协作，确保生产线及时调整以适应新的订单需求。

3. 优化时间柔性

时间柔性，强调的是供应商能够依据客户需求和市场变化灵活地调整供货时间，可快可慢，应对自如。

当市场需求急剧增加时，供应商应迅速扩大生产规模并缩短交货周期，以满足客户对快速交货的迫切需求。相反，当市场需求趋于平缓时，供应商也应能相应地调整生产计划，以避免库存积压和资源浪费。这种能够根据实际情况快速或慢速调整供货时间的能力，正是时间柔性的精髓所在。它不仅要求对交货周期进行快速响应和缩短，还包括在必要时能够延长交货时间，以全方位满足客户的多样化需求。

为了实现这一目标，供应商需要与客户建立紧密的沟通机制，确保能够及时捕捉到市场动态和客户需求的变化。同时，供应商还必须具备出色的生产调度和资源调配能力，以便根据实际情况对生产计划进行灵活调整。这样的灵活性使得供应商能够更好地适应市场变化，满足客户的不同需求。

【案例】

犀牛智造：数字化驱动下的时间柔性生产新模式

犀牛智造引入云计算、物联网等先进的数字化技术，成功地为工厂装上"智慧大脑"。在这一创新模式下，工厂内的每块面料都配备了独特的"身份ID"，且所有设备均已实现互联互通。数字化技术的深入应用为时间柔性生产奠定了坚实基础，它不仅提供了全面而精确的数据支持，还确保了实时信息反馈，从而使得生产流程中的各项调整能够迅速且精准地执行。

基于数字化技术所提供的详尽数据，犀牛智造工厂已具备柔性换产、一键插单、智能排产及快速生产等多项能力。这种高度柔性的生产方式，使工厂得以从传统以产定销的模式，成功转型为按需开发与按需智造的新模式。正因如此，犀牛智造得以实现100件起订、7天交货的"小单快反"服务，充分展现了时间柔性的核心优势。

当今时代，消费者追求个性化，企业则追求定制化，小批量、多品种生产已经成为常态，并展现出强劲的发展势头。为了优化供应链管理并确保柔性交付，供应链需要不断提升品种柔性、数量柔性和时间柔性，以满足客户日益增长的小批量、多品种需求。

5.10　延迟策略与推拉平衡点策略

在供应链管理中，有两种重要策略：延迟策略和推拉平衡点策略。实际上，推拉平衡点策略也可以视为一种变相的延迟策略，它们的核心目的都是为了实现快速交付和柔性交付。

以下是关于这两种策略的详细解释。

（1）延迟策略。

- 定义：延迟策略（Postponement Strategy）是指在供应链管理中，尽量延迟产品的生产时间和最终产品的组装时间。该策略的核心思想是延长产品的通用化阶段，将产品的个性化或定制环节推迟到供应链的后端。

- 特点：将供应链上的产品生产过程分为"不变"与"变"两个阶段。在获知客户的精确需求和购买意向之前，制造相当数量的标准产品或基础产品。当收到客户订单后，才进行最终产品的差异化组装，以满足客户的定制化需求。
- 目的：通过延迟产品的个性化生产，企业能够更快地响应市场需求的变化，缩短交货提前期，并降低库存成本。

（2）推拉平衡点策略。

- 定义：推拉平衡点策略（Push-Pull Balance Strategy）是指在供应链中找到一个平衡点，以便取得最佳效果。该策略旨在实现客户需求预测与实际订单之间的平衡。
- 特点："推"的部分是基于预测和历史数据进行生产，将产品推送到供应链中；"拉"的部分则是根据实际客户订单进行生产，满足客户的定制化需求。推拉平衡点策略结合了推动式和拉动式供应链的优点，旨在提高供应链的灵活性和响应速度。
- 目的：通过平衡预测生产和订单生产，企业可以既能稳定满足市场需求，又能快速响应客户的定制化需求，从而实现快速交付和柔性交付。

（3）延迟策略与推拉平衡点策略的关系。

在供应链管理中，延迟策略和推拉平衡点策略都是为了实现快速交付和柔性交付。由于推拉平衡点策略也涉及延迟某些制造或组装步骤，直到获得更确切的需求信息，因此它可以被视为延迟策略的一种特殊应用。这两种策略都强调了供应链管理的灵活性和响应速度，以满足市场的快速变化和客户的多样化需求。

接下来，我们将通过两个案例来感受延迟策略和推拉平衡点策略的实际作用。

【案例1】🛒

时尚先锋，服装制造商的推拉平衡点策略

"时尚先锋"是一家位于都市中心的服装制造商，以高效供应链管理闻名。它运用推拉平衡点策略，在时尚季前预测并生产一批基础款式服装，如T恤和牛仔裤，作为"推"的部分。销售季节中，它根据市场反馈迅速调整生产，增加热门款式产量，并提供个性化定制，如特色图案和颜色的搭配，作为"拉"的部分。这种策略使它能快速响应市场变化，降低库存风险，赢得客户的满意和忠诚。

【案例2】🛒

"味速达"餐馆，外卖点餐的延迟策略

"味速达"餐馆在都市中心以其外卖服务的速度与食物的品质而闻名。为了满足顾客对快速配送的需求，同时保持食物的新鲜度和口感，餐馆和外卖平台采用了一种巧妙的延迟策略。这种策略结合了销售预测、提前制作和快速响应，以优化顾客体验和运营效率。

餐馆根据历史销售数据和市场需求预测，提前制作一些半成品或成品食物。这些食物通常是高销量或受欢迎的菜品，制作到一定的阶段后暂停，以保持其新鲜度。

当顾客在外卖平台下单时，菜品被立即进行最后的加工（如加热、添加调料等）和快速包装，以确保食物在最短的时间内准备好。包装完成后，外卖配送员会立即取餐，并通过高效的配送系统尽快将食物送到顾客手中。

5.11 衍生的 10 种延迟策略与推拉平衡点策略

在供应链管理中，以延迟策略与推拉平衡点策略为基础，已经发展出了多种既灵活又高效的供应链策略。以下列举其中的 10 种策略。

（1）按订单生产。

采用"按订单生产"（Make to Order，MTO）策略，企业在接收到客户的明确订单后才开始生产，这样可以有效避免库存积压，并确保生产与市场需求紧密相连。

（2）按库存生产。

采用"按库存生产"（Make to Stock，MTS）策略，企业依据市场预测进行批量生产并存储，以便在客户下单时迅速发货，它适用于需求稳定且可预测的产品。

（3）按订单配置。

采用"按订单配置"（Configure to Order，CTO）策略，企业预先生产产品的通用部分，再根据客户的个性化需求进行定制或组装，从而实现生产与需求的灵活对接。

（4）按订单设计。

"按订单设计"（Engineer to Order，ETO）策略主要针对复杂且高度定制化的产品，如大型设备或特殊项目，以满足客户的独特需求。

（5）按订单组装。

"按订单组装"（Assemble to Order，ATO）策略要求企业事先准备好各种组件，在客户下单后再进行组装，这样既确保了快速响应，又有效控制了库存成本。

（6）按订单建造。

"按订单建造"（Build to Order，BTO）策略与"按订单生产"策略类似，但它更注重根据客户的个性化需求进行生产或组装，以确保产品的独特性。

（7）按订单设计。

在"按订单设计"（Design to Order，DTO）策略下，产品设计工作完全基于客户的实际需求，这种策略在工程或建筑设计领域较为常见。

（8）持续补货计划。

"持续补货计划"（Continuous Replenishment Program，CRP）策略实时共享库存数据，当库存量低于预设水平时，系统会自动触发补货流程，从而持续优化库存。

虽然以下两种策略——寄售策略和供应商管理库存策略，并不直接等同于延迟策略，但它们可以与延迟策略相结合，进一步优化供应链管理。

（9）寄售。

"寄售"（Consignment）是一种特殊的库存管理方式，供应商将产品放置在客户处，但在产品使用或销售前，所有权仍归供应商。这种方式降低了客户的库存成本和风险，因为只有在产品实际使用时才进行结算。然而，寄售策略并不直接反映延迟策略的思想，而是更侧重于库存的所有权和管理责任。

（10）供应商管理库存。

"供应商管理库存"（Vendor Managed Inventory，VMI）是一种供应链协同策略，其中供应商负责管理客户的库存水平，并根据销售数据和市场需求进行预测和补货。VMI策略有助于降低缺货和库存过剩的风险，提高供应链的响应速度和灵活性。尽管VMI策略可以促进供应链中的信息共享和协作，但它并不等同于延迟策略，而是更多地关注库存的优化和管理。

延迟策略的核心是在供应链流程中尽可能延迟产品的差异化或定制化步骤，以便根据实际需求进行灵活调整。这种策略通常与 MTO 或 ATO 等策略结合使用，以减少库存并提高客户满意度。

推拉平衡点策略的核心是在供应链的前端进行预测和计划生产（推式），而在后端根据实际需求进行调整和响应（拉式）。类似地，延迟策略也强调在某些环节延迟差异化或定制化步骤，以更好地满足客户需求。

从这个角度看，像 MTO、MTS、CTO、ETO 和 ATO 等策略，都可以视为在推拉平衡点上进行的不同调整。它们根据市场需求和生产能力的实际情况，在推式生产和拉式响应之间找到了平衡点。

同时，这些策略也融入了延迟策略的思想。例如，在 MTO 和 CTO 策略中，产品的最终生产或配置被延迟到接到客户订单之后，这可视为延迟差异化的一种形式。

因此，可以说这些供应链策略是延迟策略和推拉平衡点策略的衍生策略。企业应根据自身情况、产品特性和市场需求，选择最适合的供应链策略。

5.12　不尊重供应商交期，就是不尊重自己

你是否遇到过这种场景？

在繁忙的采购部门，气氛异常紧张。买方团队的负责人正焦急地与供应商通电话，声音中透露出不容置疑的决绝："你们必须在下周前完成交货，这是命令，没有商量的余地！"电话那头供应商代表的声音略显无奈："但是，这个时间真的非常紧张，我们可能需要更多的时间来确保产品质量和交货的准时性。"

然而，买方团队的负责人却不为所动，他瞪大眼睛，重重地拍了一

下桌子:"这是总部的决定,快速交付是重中之重,你们必须想尽一切办法做到!"供应商在买方的强力要求下,只能勉强答应:"好吧,我们会尽力的。"然而,这个"尽力"背后却隐藏着巨大的不确定性。

问题分析:

当买方为了让供应商快速交付,而强迫供应商承诺一个不切实际的交货周期时,这就像在搭建一座没有稳固基础的沙堡,随时都可能崩塌。供应商在重压之下,可能会采取一些权宜之计,比如牺牲产品质量、削减必要的检测流程或者让设备超负荷运转,这些都会为未来出现问题埋下伏笔。

不尊重供应商的交货周期,实际上就是在给自己制造一系列的麻烦。

(1)生产中断或延误。

当企业不尊重供应商的交货周期,频繁地催促或者要求提前交货时,会给供应商带来巨大压力。如果供应商无法满足这些不切实际的要求,就很可能导致企业生产所需的原材料或零部件无法按时送到。一旦发生这种情况,企业的生产线可能会因此中断,或者既定的生产计划需要被迫推迟。这种中断或延误不仅会影响企业的生产效率,还会增加额外的管理成本和时间成本。

(2)增加库存成本。

为了避免因供应商交货问题导致的生产中断,企业可能会选择提前大量采购原材料或零部件,并储存在仓库中。然而,这种做法会显著增加库存成本。首先,企业需要支付更多的资金来购买和储存这些额外的物料;其次,大量的库存会占用更多的仓储空间,增加仓储费用;最后,过多的库存还可能会导致物料过期、损坏或贬值,从而进一步增加成本。

(3)损失销售机会。

当生产因供应商交货问题而延误时，企业可能无法按时完成客户的订单。这不仅会损害企业的声誉，还可能导致客户选择其他更可靠的供应商，从而使企业失去宝贵的销售机会。在竞争激烈的市场环境中，每一次销售机会都至关重要，失去一次销售机会就可能意味着将市场份额拱手让给竞争对手。

（4）紧急采购成本上升。

在供应商无法按时交货的紧急情况下，企业可能不得不从其他渠道进行紧急采购。这种紧急采购通常价格较高，因为新的供应商会利用这种紧急情况来提高价格。此外，紧急采购还可能导致额外的物流成本，因为企业可能需要用更快的运输方式来确保材料及时到达。

（5）影响公司现金流。

交货期的延误还可能会对企业的现金流产生负面影响。首先，如果企业需要支付违约金或面临罚款，这将直接减少企业的现金储备；其次，如果因为交货延误导致货款回收周期延长，企业的现金流也会受到相应的影响。现金流是企业的生命线，任何影响现金流的因素都可能对企业的稳定运营构成威胁。

这些麻烦深刻地揭示了不尊重供应商交货周期可能带来的风险。当买方过于强势地要求供应商"尽力"交货时，实际上是在冒险。因为"尽力"并不等于"一定能做到"，其中蕴含的不确定性可能会给买方带来巨大的风险。

在这种情况下，买方应该更加理性地与供应商沟通，共同制订一个切实可行的交货计划。同时，买方也应该为可能出现的延误做好充分的准备和制订应对方案。这样不仅可以降低风险，还能维护与供应商的良好合作关系，确保生产的顺利进行。

5.13 要想交付快，必须管好长周期物料

理想很丰满，现实很骨感。一切设想得很好，但现实情况往往是客户并不会给予我们充足的时间来应对，我们总是很被动，也只能"逼"供应商。一旦客户要求的供货周期短于正常周期，我们该如何应对呢？

满足交付，很大程度上取决于长周期物料。什么是"长周期物料"呢？

长周期物料是指订货提前期相对较长的物料，其"长"的定义并非固定，而是根据具体情境和行业标准来确定的。一般来说，当物料的采购周期、生产周期或订货提前期超过某一特定天数（如 30 天或更长时间）时，这些物料就可以被视为长周期物料。

此外，不同行业对长周期物料的定义也存在差异。一些行业可能将采购周期超过 30 天的物料视为长周期物料，另一些行业可能根据自身的业务特点和需求来设定不同的阈值。在某些情况下，即使物料的采购周期或生产周期并不长，但由于市场需求旺盛或供应商产能有限等，都会导致物料供应紧张，订货提前期延长，此时这些物料也可能被视为长周期物料。

尽管大家对长周期物料的定义不同，但是我觉得只要交付周期长于客户要求的周期的物料，都可以定义为"长周期物料"。也就是说，接到客户的订单再去购买来不及，采购周期或者说供应商的交货周期满足不了订单的需要，在这种情况下，都需要按照"长周期物料"去管理。

面对供货周期短于正常周期的挑战，尤其是当交付速度和准时性高度依赖于长周期物料时，企业需要采取一系列策略和做法来有效管理这些关键物料。以下是按照缩短长周期物料的周期、精准预测与战略采购、接单后快速反应三个维度表述的管理策略。

（1）缩短长周期物料的周期。

- 提前识别与规划：在产品设计阶段就识别出长周期物料，并提前进行采购规划和与供应商沟通，确保物料在需要时能够及时到位。
- 与供应商协同：与供应商建立紧密的合作关系，共享需求信息，鼓励供应商提前备货，缩短生产周期和交货时间。
- 优化物流与仓储：通过优化物流路径、提高仓储效率等方式，减少物料在运输和仓储过程中的时间延误。

（2）精准预测与战略采购。

- 数据驱动的预测：利用历史销售数据和市场趋势进行精准的需求预测，确保采购计划的准确性。
- 战略供应商管理：与关键供应商建立长期合作关系，签订战略采购合同，确保物料的稳定供应和价格优势。
- 多元化采购策略：实施供应商多元化策略，减少对单一供应商的依赖，可以提高供应链的灵活性。

（3）接单后快速反应。

- 灵活的生产计划：在接到订单后，迅速调整生产计划，优先安排长周期物料的生产和采购，确保交付速度。
- 实时供应链监控：建立供应链的实时监控机制，及时跟踪物料的生产、运输和库存情况，确保供应链的透明度和可追溯性。
- 应急响应与替代方案：制定应急响应机制，当遇到供应风险时，迅速启动替代方案，确保订单的准时交付。同时，保持与生产、销售等部门的紧密沟通，共同应对突发情况。

可见，要想交付快，必须管好长周期物料。

5.14 做好齐套率：一个也不能少

想象一下，一辆汽车缺少了一个关键的零件，它还能正常行驶吗？答案显然是否定的。同样地，在供应链管理中，如果某个零部件或原材料出现短缺或延迟送达，那么整个生产过程就可能被迫中断，导致交付延迟。

在供应链管理中，确保所有必需的零部件、原材料能够准时、完整地送达，这就是所谓的"齐套率"。任何一个环节的缺失都可能导致整个供应链的瘫痪。

要做好提升齐套率的工作，我们需要特别关注"三大"要素：大金额、大体积以及大周期（即长周期）。这三个要素对齐套率至关重要，必须将其作为关键资源来牵引整个供应链的管理。

（1）大金额部件的优先管理。

对于高价值的部件，由于其金额巨大，一旦缺货或延迟到货，将给企业造成严重的经济损失。因此，在供应链管理中，我们需要对大金额部件给予特别的关注。通过提前预测需求、与供应商建立稳定的合作关系以及实施严格的库存管理，确保这些关键部件的及时供应，从而保障生产的顺利进行。

（2）大体积部件的物流优化。

大体积部件在物流运输和仓储方面存在较大的挑战。为了确保这些部件的齐套率，我们需要对物流环节进行优化。首先，要合理规划运输路线和方式，以减少运输时间和成本；其次，要加强与物流服务提供商的沟通与合作，确保货物的安全和完整；最后，在仓储方面，要合理利用有限的仓储空间，提高存储效率。

（3）大周期（长周期）部件的计划与预测。

对于生产周期长、交货时间久的部件，我们需要提前计划和预测。通过与供应商建立长期合作关系、加强需求预测的准确性以及实施灵活的生产计划，我们可以更好地应对长周期部件的供应挑战。同时，建立应急计划和替代供应策略也是必不可少的，以应对可能出现的供应链中断风险。

在提升齐套率的工作中，我们应当以"三大"要素——大金额部件、大体积部件和大周期（长周期）部件为核心，引领整个供应链的管理。通过优先管理大金额部件，优化大体积部件的物流流程，以及提前规划和预测大周期部件的需求，我们可以显著提升齐套率。同时，我们还需要将"三大"要素与其他产品进行对齐。这意味着，在制订生产计划、采购策略和物流规划时，我们必须全面考虑其他产品与这"三大"要素的契合度。举例来说，我们可以优先安排与大金额、大体积或大周期部件相匹配的产品投入生产，从而保障整个供应链的协调性和高效运行。

5.15 服务与体验：未来差异化竞争的核心

在未来，服务与体验将成为企业差异化竞争的核心。随着消费者需求的多样化和个性化发展，服务质量，尤其是"交付"这一环节的综合体验，对消费者决策的影响日益显著。交付，它绝不仅仅是产品的简单移交，交付是一个集物流、信息流和资金流于一体的综合过程。在这个看似简单的环节中，其实蕴含着企业对消费者的深切关怀与郑重承诺。

为实现服务的差异化，企业需将交付环节视为重中之重，注重准时性、准确性和增值服务。在日常消费品领域，我们有非常深切的体会，感受到了数字化时代，商家在服务体验上下足了功夫。在制造业也一样，特斯拉的交付服务就是一个典范，深刻地体现了对物流、信息流和资金流的高效管理和优化。

【案例】

特斯拉：多样化交付，提升客户体验

1. 物流方面

（1）高效供应链与模块化交付。

特斯拉通过建立高效的供应链体系，确保车辆生产的高效性和准确性。一旦车辆生产完成，便迅速进入交付流程。交付流程采用模块化设计，将不同业务分配给专人专办，如车辆检查、手续办理、客户接待等，从而提高了交付效率。在某些交付中心，如特斯拉苏州相城交付中心，甚至推出了"自助提车"模式，车主只需在预约时间内自行前往交付中心，领取卡片钥匙、临牌等，即可完成提车，整个过程仅需15分钟。

（2）多样化交付方式。

特斯拉提供多种交付方式以满足不同消费者的需求，包括上门交付、自提交付等。上门交付服务尤其受到消费者欢迎，因为它省去了消费者自行前往交付中心的麻烦。此外，特斯拉还提供"送车到家"（Home Delivery）服务，让车主在家中就能收到新车，进一步提升了交付的便捷性。

2. 信息流方面

（1）实时信息更新。

特斯拉通过其官方app和Delivery Vision交付系统，实时更新订单状态和交付进度，让消费者能够随时掌握所购买车辆的最新情况。这种透明度不仅减少了消费者的等待焦虑，还增强了消费者对品牌的信任感。

（2）数字化交付体验。

特斯拉的交付流程高度数字化，从预约提车到实际交付，再到后续的车辆使用指导，都通过数字化手段进行。例如，车主可以在app上查看交付指南、预约验车时间、选号上牌等，大大提高了交付的便捷性和效率。

3. 资金流方面

（1）顺畅支付流程。

特斯拉提供多种支付方式供消费者选择，包括在线支付、银行转账等，确保支付流程的顺畅和便捷。同时，特斯拉还与多家金融机构合作，为消费者提供贷款购车服务，降低了购车门槛。

（2）透明费用管理。

特斯拉在费用管理上保持高度透明，无论是购车费用还是后续的服务费用都清晰明了地列在合同中或app上供消费者查看。这种透明度让消费者更加放心地选择特斯拉的产品和服务。

（3）智能售后服务。

特斯拉的智能售后服务模式也间接影响了资金流。通过远程诊断、移动服务等创新方式，特斯拉能够快速解决车辆故障问题，减少车主因车辆故障而产生的额外费用和时间成本。同时，这种高效的服务模式也提高了车主对特斯拉品牌的满意度和忠诚度，从而促进了品牌的口碑传播和销量的增长。

可见，特斯拉在交付服务上的成功离不开对物流、信息流和资金流的高效管理和优化。这种全方位的服务模式不仅提升了消费者的购车体验，还增强了消费者对品牌的信任感和忠诚度。

供应链差异化服务的成功案例有很多，大家可以通过自己购物的体验来回顾一下不同的供应商在"交付"上的表现。

"交付"这么重要,是否有必要设一个专职的岗位——"交付经理"呢?

本章小结
交付经理,供应链中的新角色

"多、快、好、省"是客户不变的追求,而满足这一追求需要供应链展现出"三柔"特性。为了以客户视角,端到端全面优化交付流程,诞生了"交付经理"这一新兴角色。接下来,我就讲一讲交付经理这个角色,作为本章小结。

在企业已配置生产计划员、项目经理、物流经理及销售跟单员等多元岗位的背景下,是否增设交付经理值得深入探讨。

各岗位在企业运营中均扮演着不可或缺的角色:生产计划员确保生产流程顺畅,项目经理负责项目全面规划与监控,物流经理保障物料与产品顺畅配送,销售跟单员则紧跟销售订单的执行。这些岗位各司其职,共同维系企业运营。

交付经理的角色更为独特,他们专注于整合与协调,对整个交付流程有深入的理解,并具备跨部门协调和资源整合的能力。他们的工作涵盖项目计划的制订与执行、客户需求的沟通与反馈、内部资源的协调与分配以及项目风险的监控与应对等多个环节。

为了胜任这些职责,交付经理需具备强大的项目管理与协调能力、出色的沟通与关系管理能力,以及敏锐的市场洞察与风险应对能力。然而,是否需要专门设立交付经理,应基于企业的实际情况与需求进行审慎决策。

Chapter 6
第 6 章

风险管理,要补"薄弱环节"

导　语

核心观点：风险无处不在、无时不在,保障交付是供应链管理的第一任务。供应链的整体能力往往受限于其最薄弱的环节,因此,要提升供应链能力,我们需要对照"SCM321"模型寻找差距和短板。

作为管理人员,我们必须对"风险"保持高度的敏感性,学会洞察并"看见"风险,对潜在的风险进行识别与评估,并制定相应的应对策略。风险管理应以预防为主,秉持"不怕一万,就怕万一"的原则。风险管理的根本目的在于对供应链的薄弱环节进行补链、强链和延链,从而增强供应链的韧性,提升其整体性能。

6.1 出乎意料，日本味精厂停产影响全球芯片供应

供应链是条链，缺一个环节都不行，任何一个环节的缺失都会导致整个供应链的断裂。然而，这一点，在"事前"往往被很多人所忽视，直到"事情"发生时才会感到惊愕和措手不及。

在全球化的大背景下，供应链已成为一个高度复杂且精密的系统。供应链的各个环节之间依赖性越来越强，任何一个细微的变动都可能触发一系列的反应。日本味之素的停产和泰国洪水灾害就是两个生动的例子，它们以出人意料的方式对全球供应链，特别是对高科技产业相关的供应链，产生了深远的影响。

【案例1】

日本味之素停产，影响芯片供应链

2008年9月12日，日本味之素旗下的Ajinomoto公司宣布关闭川化味之素公司，紧接着，在2008年9月26日正式停产。这一事件的影响远超出了人们的预期。日本味之素，这家以生产味精而闻名的公司，却对半导体产业——一个看似与其主业毫无关联的领域产生了重大影响。原来，在生产味精的过程中会产生一种名为"味之素堆积膜"（ABF）的副产物，这种材料在半导体行业，特别是在高端芯片的封装测试环节起到了关键作用。

然而，味之素的停产直接导致了ABF供应的中断，进而迅速波及全球芯片供应链。许多芯片制造商由于缺少这种关键的封装材料而面临生产困境。

【案例2】🛒

泰国洪水灾害，影响全球硬盘供应

2011年，泰国遭遇了严重的洪水灾害，特别是在11月25日之后，洪涝灾害对泰南地区造成了严重影响。泰国在全球硬盘生产中的重要地位不言而喻，这场洪水导致许多硬盘工厂的停产。由于硬盘是电脑和其他电子设备的关键部件，其供应的中断对全球范围内的电子产品生产造成了严重影响。许多电子设备制造商因此面临生产延误和供应链中断的严峻问题。

这两个案例说明，一个看似与自己不相关的小事件，不仅对本地产业造成沉重打击，还可能引发全球供应链的连锁反应，这凸显了供应链的脆弱性。或许你认为这两个案例时间比较久远，那就让我们看一个近期的例子。

【案例3】🛒

极兔国际小包业务暂停，跨境电商遭遇物流危机

2024年2月27日，据极兔国际的用户通知显示，因战略规划调整，极兔国际的小包业务产品将在2月29日全线路暂停运营。此次暂停运营涉及多种订单类型和产品线，包括普通订单、头程订单、派送订单、转寄订单，以及极兔环球专线—标准普货、极兔环球专线—标准特货、极兔环球专线—标准带电、极兔环球专线—标快普货、极兔环球专线—标快特货、极兔东南亚专线—标准普货等产品。

极兔国际小包业务主要服务于小件商品的国际配送，服务跨境电商公司。这一物流中断案例对依赖极兔国际小包业务的商家和消费者产生了直接影响，严重影响很多初创公司、小型公司的出口业务。商家需要

重新寻找替代的物流方案，以确保订单的及时配送，而消费者则可能面临包裹延误或无法按时收到商品的情况。

该案例也提醒我们，物流中断是供应链管理中不可忽视的风险之一。企业和个人在选择物流服务时，需要充分考虑物流服务商的稳定性、可靠性和应急处理能力，以降低物流中断带来的潜在风险。

这些案例提醒我们，供应链风险无处不在，即使是一个看似遥远且与我们日常生活无关的事件，也可能给全球供应链带来重大的影响。如今的供应链已不再是简单的线性流程，而是由众多相互依赖的环节构成的复杂网络，任何一个节点出现问题都可能导致整个网络的瘫痪。

6.2　避免"掉链子"是供应链管理的首要任务

在第 1 章里，我们提到企业里的"三驾马车"——研发、销售、供应链，供应链的任务就是把产品交到客户手上。前面的案例也提醒我们，供应链是脆弱的，任何一个环节的失误都可能导致整个链条断裂，引发所谓的"掉链子"现象。因此，企业需从战略到操作层面，确保供应链的完整性和流畅性，避免"掉链子"。

为了深入理解这一观点，我们可以从几个大家更为熟知的案例出发，探讨供应链中断的各种情形及其应对策略。

首先，考虑物流中断的情况。物流中断是供应链中最应关注的风险之一。2021 年 3 月 23 日，一艘名为"长赐号"（Ever Given）的巨型集装箱船在苏伊士运河因强风和沙尘暴而意外搁浅，导致运河双向堵塞。尽管这一事件看似与全球大部分产业无直接关联，但苏伊士运河作为一条重要的国际航道，以及其对全球供应链的影响，在事发前或许并未被充分认知。

然而，实际上，苏伊士运河是连接亚洲和欧洲的重要航运通道，承载着全球约 12% 的贸易量。运河的堵塞直接导致了大量船只的延误和航线的调整，进而影响了全球货物的运输和交付。从原材料到成品，从电子产品到日常消费品，几乎所有行业的供应链都受到了不同程度的冲击。原本顺畅的供应链条突然"掉链子"了，让许多企业措手不及。

其次，信息流的中断同样不容忽视。信息安全在供应链管理中具有至关重要的地位。一旦信息流遭到破坏，比如黑客攻击或系统故障，整个供应链都可能陷入混乱。索尼 PlayStation Network 的黑客事件就是一个惨痛的教训。服务中断、用户数据泄露，不仅影响了公司的日常运营，更损害了其多年积累的市场声誉和客户信任。

最后，资金流的中断也是供应链管理中一个常见的风险点。以恒大集团为例，2020 年开始爆发的资金链的紧张问题直接影响了其与供应商的关系，导致物料供应和项目进度受到牵连。这个案例凸显了资金流在维持供应链稳定中发挥着关键作用。近年，也经常听到一些供应商由于资金链断裂而倒闭的消息。

供应链管理是一个涉及多个方面的复杂工程。为了确保供应链的连续性和稳定性，企业必须从战略的高度出发，采取一系列精心设计的策略，例如通过供应商网络多元化、紧急库存管理、优先安排运输、灵活的生产计划、透明的客户沟通和跨部门协同作战等手段，有效地避免"掉链子"的情况发生。

6.3 风险无时不在，风险管理并非"没事找事"

风险，就是"不确定性"对最终结果可能产生的潜在影响。这种"不确定性"既可能带来积极的结果，也可能带来消极的结果，而我们通常更关注那些可能带来的消极结果，即负面影响。在供应链管理的语境中，风险特指在供应链运作过程中，由于各种内外部不确定性因素导致供应链中某一环节或多个环节出现问题，从而影响整个供应链运作的稳定性和效率的风险。

在全球化程度日益加深的今天，供应链变得更为复杂多变，充满各种不确定性，供应链风险如同隐形的敌人，时刻潜伏在企业的运营之中。正如那句"不知道明天和意外哪个先来"所揭示的，供应链风险随时可能爆发，对企业造成不可估量的损失。因此，对供应链风险的管理并非无关紧要，更不是某些人说的"没事找事"。在决策和规划过程中，对风险进行全面评估和科学管理是至关重要的，它们是确保项目成功的关键所在。

为了更直观地理解供应链风险，让我们先来看几个惊心动魄的案例。

【案例1】

涿州暴雨：小城洪灾触发中国出版业供应链大震荡

2023年7月末至8月初，河北涿州遭遇罕见暴雨袭击，引发严重洪灾，一夜之间，这个小城的名字传遍了全国。涿州，作为中国出版业的重要物流中心，此次暴雨给整个行业造成了前所未有的冲击。多家位于涿州的出版机构库房进水，水位高达2米以上。

据初步统计，国内近百家出版机构在此次洪水灾害中遭受损失。例如，北京时代华语公司存储在涿州西南物流中心库房的图书就全部被淹，损失码洋高达2.2亿元。据公司总裁冉子健透露，大约有360万册库存图书被淹。中图网也遭受重大损失，预计至少80%的图书（超过400万册）会报废，码洋超过3亿元。

尤为痛心的是，步印文化等珍贵文化资源的损失更是无法估量。它们为《中国历史长卷》手绘版特别定制的古法手绘大纸，这幅高3米、长100米的杰作在洪水中化为乌有。纸张的制作耗时整整一年，艺术家们更是用五年的心血进行绘制，然而，在即将完成之际却遭到了洪水的毁灭性打击。

这场灾难不仅造成了巨大的图书成本损失，还带来了图书重新采购、印刷的额外成本，并可能推迟新书上市时间。库存图书的毁损更是导致一段时间内无书可售，销售受到严重阻碍。同时，出版机构还需投入大量资源来恢复供应链和重建库存。

这场暴雨不仅暴露了出版业供应链的脆弱性，还凸显了该行业对涿州这一关键物流节点的过度依赖。涿州的受灾直接导致整个供应链陷入瘫痪，其影响之深远令人深思。

【案例2】

政治风云"变脸"：俄乌冲突引发全球半导体行业动荡

自2022年俄乌冲突爆发以来，地缘政治局势的紧张对全球供应链造成了深远影响。除了大家熟知的粮食、能源供应链遭受动荡，特种气体供应链也受到了冲击，其中一个显著的例子就是氖气的供应问题。作为全球最大的氖气生产国之一，乌克兰的战局变化直接影响了全球半导体行业的原材料供应。

氖气是一种惰性气体，在半导体行业中扮演着关键角色。它是曝光和蚀刻工艺中的必需材料，贯穿于芯片生产到器件封装的每一个环节。因此，任何关于氖气供应的不稳定因素都可能对全球半导体产业链造成重大影响。

俄乌冲突加剧了这种影响。由于俄罗斯和乌克兰在全球氖气供应中占有重要地位，双方之间的冲突导致了氖气产量的不确定性增加。据报道，荷兰光刻机巨头阿斯麦使用的氖气约有20%来自乌克兰，因此该公司已经开始寻找其他氖气的供应来源以防不测。

此外，俄罗斯也采取了反制裁措施，限制了包括氖气在内的惰性气体的出口。这一举措进一步加剧了全球氖气市场的紧张氛围。

【案例3】🛒

质量问题"连环炸"：日本车企数据造假

近年来，日本汽车行业曝出了一系列造假数据事件，引发了全球关注。具体而言，在2021~2023年，多家知名汽车制造商被曝出在车辆性能测试、发动机功率测试、刹车测试等方面存在不当行为。

其中，丰田汽车公司被发现在行人安全测试中提交了虚假数据，涉及三款在产在售车型。本田技研工业株式会社则有高达22款车型在2009~2017年的噪声测试等项目中存在数据造假问题。马自达汽车株式会社在发动机排放测试中造假，而雅马哈发动机株式会社则在不合规条件下进行噪声测试。此外，铃木汽车公司也对过去生产的一款车型的制动装置测试结果进行了虚假陈述。

这些造假行为不仅损害了消费者的利益，也严重损害了日本汽车品牌的全球声誉。涉事车企纷纷召开记者会，就造假行为向公众道歉，并表示将采取整改措施以恢复消费者信任。

以上案例只是供应链风险中的冰山一角。实际上，供应链风险可能来自各个方面，包括供应商、制造商、分销商、物流运输等。风险因素可能源于自然灾害、政治动荡、质量问题、供应商破产等多种原因，它们都可能对供应链造成严重的干扰以及带来巨大的损失。供应链风险是客观存在的，企业不能掉以轻心。因此，供应链风险管理并非

"没事找事",而是企业为了应对复杂多变的商业环境而必须采取的重要措施。

6.4 四个关键特性构建风险管理核心框架

近些年,"供应链韧性"这个词频繁被人们谈及。其实,供应链风险管理是一个宽泛的概念,它不仅包括供应链韧性(Resilience)管理,还涉及鲁棒性(robustness)、脆弱性(vulnerability)和弹性(flexibility)。

这四个核心概念在供应链管理中各自扮演着重要的角色,构成了供应链风险管理核心框架,共同影响着供应链的稳定性和可靠性。

- 鲁棒性,是指供应链系统在面对内外部不确定性时,无须改变即可承受环境变化的能力,体现了供应链的"强度"和耐久性。
- 脆弱性,是指供应链中存在易被攻击或破坏的薄弱环节,识别和降低脆弱性是供应链风险管理的重要任务。
- 弹性,是指供应链在应对市场、客户需求和内部调整时的灵活性和可调整性,使供应链能快速适应新环境和新需求。
- 韧性,是指供应链在面对内外部冲击和干扰时,能迅速恢复并保持其功能和性能的能力,强调持久力和快速恢复。

下面,我通过一个虚构的案例来清晰地说明这四个特性之间的区别和联系。

【案例】

抓住四个特性,筑牢全球电子产品供应链

一家全球领先的电子产品制造商,其供应链遍布全球多个国家和地

区。这个供应链需要应对各种不确定性，包括自然灾害、供应商破产、需求波动等。

鲁棒性

当东南亚地区发生地震时，尽管部分工厂受损，但该制造商的其他地方的工厂和供应链节点能够继续运作，无须做出重大改变。这种在面对自然灾害时仍能保持稳定运作的能力，就是供应链的鲁棒性。它体现了供应链在压力下的耐久性和稳定性。

脆弱性

在地震发生后，供应链团队发现某个关键零部件的供应商位于震区，且该供应商没有有效的备份计划，这导致零部件供应中断，生产线停滞。这个容易被忽视的供应商成了供应链的脆弱点。识别和降低这种脆弱性是供应链风险管理的重要任务。

弹性

为了应对零部件供应中断的挑战，制造商迅速调整了生产计划，开始使用替代零部件，并与新的供应商建立了合作关系。这种在供应链部分失效时能够迅速适应和调整的能力，就是供应链的弹性。它使得供应链能够更快地恢复生产，满足市场需求。

韧性

在经历地震和供应商问题后，制造商对供应链进行了全面的风险评估和重构。它增加了备份供应商，提高了供应链的多样性和冗余度。这种在面对危机后能够迅速恢复并保持其功能和性能的能力，就是供应链的韧性。它确保了供应链在未来能够更好地应对类似的不确定性和风险。

从上述案例中，我们可以看出这四个特性的区别和联系。

区别是，鲁棒性强调在不变中保持稳定。脆弱性关注潜在的弱点和风险。弹性侧重于快速适应和调整。韧性则强调在经历危机后的恢复和重构。

联系是，这四个特性共同构成了供应链风险管理的核心框架。它们相互影响，共同决定了供应链的稳定性和可靠性。提高任何一个特性都有助于提升整体供应链的风险管理能力。

简而言之，鲁棒性保障稳定，脆弱性揭示风险，弹性应对变化，韧性则确保恢复。企业在构建和优化供应链时，需要全面考虑这四个特性，以确保供应链在面对各种不确定性和风险时都能够保持稳定和可靠。

6.5 如何提升供应链韧性

供应链风险具有四个核心特性：鲁棒性、脆弱性、弹性和韧性。然而，在这四者之中，韧性尤为重要。这是因为维持鲁棒性往往需要过高的成本投入，而脆弱性则是供应链管理中绝不能容忍的。弹性虽然关键，它主要涉及供应链对外部变化的应对能力，相比之下，韧性更为根本。韧性指的是供应链在遭受一定冲击后，能够迅速恢复并保持稳定运行的能力。在供应链风险管理中，强化韧性无疑是最为关键的策略。所以，它现在频频被人们提及。

下面就如何提高供应链韧性谈谈我的看法。

（1）增强协作与信息共享至关重要。

企业应加强供应链中各方（如供应商、制造商、分销商等）之间的沟通与协作，打破信息壁垒。通过建立信息共享平台，可以确保供应链各环节的信息能够及时、准确地传递，从而实现对市场变化和风险挑战的迅速响应。

（2）采用供应链多元化策略。

企业可以通过供应商多元化来减少对单一供应商的依赖，进而降低供应链中断的风险。同时，考虑供应链的地理分布，避免过度集中在某一地区，这样能够更好地应对地区性风险。此外，物流渠道多元化也能确保产品在多种运输方式下都能顺利到达目的地，提高供应链的灵活性。

（3）建立应急计划。

企业应为供应链中断等突发情况制订详细的应急计划，包括备用供应商的选择、临时生产方案的制订以及紧急物流安排等。通过定期进行应急演练，可以确保在真实危机发生时能够迅速、有效地执行应急计划，减少损失。

（4）管理标准化。

推动产品标准化能够在供应链中断时更容易找到替代产品，降低替代成本。实现运营管理标准化则能提高供应链效率，确保在危机发生时能够快速调整运营策略。同时，通过人员能力标准化，可以确保员工在危机中具备迅速适应并应对变化的能力。

（5）引入冗余性。

虽然冗余可能增加成本，但在关键时刻，它能为供应链提供重要的缓冲。通过在关键环节建立备用资源，如备用生产线、备用仓库等，企业可以在主资源受损时迅速切换到备用资源，确保供应链的稳定运行。同时，合理的安全库存策略也是构建冗余能力的重要手段。

（6）平衡精益与冗余。

企业应明确运营的目标和优先级，根据实际情况在精益和冗余之间找到平衡点。对供应链进行风险评估，只在关键节点设置适量的冗余，以实现效率和稳定性的兼顾。

（7）培养快速响应的文化。

企业应在组织内部培养一种对变化敏感并能够快速响应的文化。通过定期的培训和演练，可以提升员工在应对供应链危机时的反应速度和决策能力，从而确保供应链的持续稳定运行。

以上措施共同构成了一个全面的供应链韧性提升方案，可见，提高供应链韧性需要从多个维度进行综合施策。策略落地遵循"OPPT"模型，即组织保障、流程保障、人员保障、技术保障。

6.6 风险管理要融入业务流程

风险管理，已经逐渐被认识到是业务流程中不可或缺的一部分。这一理念与 ISO 31000《风险管理——原则与实施指南》等国际标准的理念相符，强调了风险管理在业务流程中的重要性。

风险管理不再是一个孤立的环节，而是与企业整体活动和流程紧密相连，共同构成了一个动态、系统的管理框架。

ISO 31000 国际标准提供了系统性的风险管理框架和方法论，支持企业将风险管理融入业务流程，以确保在执行过程中能够及时发现和应对潜在的风险。通过在业务流程中设置风险点和控制点，企业可以在日常运营中实现对风险的实时监控和管理，形成从上至下全员风险管理的意识和文化。例如，在采购流程中，企业可以识别供应商财务风险、供应风险等，并采取相应的措施进行管理和控制。

为了确保风险管理的连续性和一贯性，企业必须制订详细的风险管理计划，明确风险管理的目标、原则、流程和方法，以及各个环节的责任人和时间表。

如何制订风险管理计划？下面的案例可供大家在实践中参考。

【案例】

CPSW 公司风险管理计划

1. 引言

本风险管理计划旨在为企业提供一个全面、系统的风险管理框架，以确保企业能够有效地识别、评估、监控和控制风险，从而保障企业的稳健运营和持续发展。本计划将遵循 ISO 风险管理指南的原则和要求，结合企业的实际情况，制定出一套切实可行的风险管理策略和措施。

2. 风险管理目标

- 识别和评估企业面临的各种风险，包括战略风险、市场风险、财务风险、运营风险等。
- 制定并实施有效的风险控制措施，降低风险发生的可能性和影响程度。
- 建立风险监控机制，及时发现和解决潜在风险，确保企业稳健发展。
- 提高全员风险管理意识和能力，形成全员参与风险管理的企业文化。

3. 风险管理流程

（1）风险识别。

通过对企业内外环境的全面扫描，识别出可能对企业产生不利影响的风险因素。风险识别应定期进行，并关注行业动态、市场变化、政策法规等因素。

（2）风险评估。

对识别出的风险进行量化和定性评估，确定风险的大小、发生概率和可能造成的损失。评估结果将作为制定风险控制措施的依据。

（3）风险应对。

根据风险评估结果，制定相应的风险控制措施，包括预防性措施和应对性措施。控制措施应具体、可行，并明确责任人和执行时间。

（4）风险监控与跟踪。

对已实施的风险管理措施进行持续观察和评估，确保其有效性。通过定期跟踪和审查，及时发现并解决潜在问题，调整风险管理策略。

（5）风险沟通与报告。

建立有效的风险沟通机制，确保组织内部和外部的相关方都了解当前的风险状况。定期编制风险报告，向高层管理人员汇报风险管理工作的进展和成效。

4. 风险管理组织架构与职责

- 风险管理委员会：负责制定风险管理政策，审批风险管理计划，监督风险管理工作的实施。
- 风险管理部：负责具体执行风险管理计划，包括风险识别、评估、监控等工作。定期向风险管理委员会汇报工作进展。
- 各部门负责人：负责本部门内的风险管理工作，配合风险管理部完成各项任务。
- 全体员工：提高风险管理意识，积极参与风险管理工作，及时报告潜在风险。

5. 风险管理培训与宣传

- 定期组织风险管理培训，提高全员的风险管理意识和能力。
- 通过内部宣传、案例分析等方式，普及风险管理知识，营造全员参与风险管理的企业文化。

6. 风险管理计划更新与修订

本风险管理计划将根据实际情况进行定期更新和修订，以确保其适应企业发展的需要。更新和修订工作应由风险管理部负责，并提交风险管理委员会审批。

7. 附则

本风险管理计划自发布之日起生效，如有未尽事宜，由风险管理委员会负责解释。

风险管理作为组织流程中不可或缺的一部分，在现代企业管理中发挥着越来越重要的作用。有了风险管理理念，还要有风险管理方法。要能识别风险、评估风险，然后制定应对策略，从而控制供应链风险。

值得注意的是，风险管理的全部过程一定要邀请供应链利益相关者参加，以便能够全面管控供应链风险。

6.7 培育风险洞察"基因"，增强风险敏感性

风险往往如同"黑天鹅""灰犀牛"事件一样，或者难以预测，或者带来巨大的冲击。这些风险在爆发前可能毫无迹象，然而一旦发生，其后果可能是毁灭性的。因此，培养对风险的敏感性显得至关重要。

具备风险敏感性，意味着能够敏锐地捕捉到风险的细微迹象，进而在风险事件爆发前采取有效的预防措施。这种敏感性建立在对市场和行业的深入理解之上，同时也需要有一种对潜在威胁的警觉和预判能力。

在供应链管理中，风险可能源自多个层面，例如供应商的不稳定、物流的中断或市场需求的变化等。因此，管理人员需要具备强大的风险

洞察能力,以及时察觉并应对这些潜在的威胁。

通过培育风险洞察的"基因",管理人员可以更加主动地识别和分析风险,而非被动地等待风险事件的发生。这种主动性有助于企业在风险面前做出更为明智的决策,从而减少潜在的损失,并确保供应链的稳定运行。

【案例】

CPSW 公司加强风险管理,提高团队风险敏感性

CPSW 公司,作为供应链解决方案的领军企业,深知风险管理的重要性,并致力于提升团队对风险的敏感性。近期,该公司决定从以下八个方面全面提高采购与供应链人员对风险的敏感性,以确保企业稳健运营并持续为客户提供卓越的服务。

1. 确立风险管理的核心地位

CPSW 公司将在企业文化和内部政策中明确风险管理的中心地位,确保风险管理成为每位员工的共同意识和行为准则,从而在日常工作中始终保持高度警觉,主动预防并应对各种潜在风险。

2. 开展专业风险管理培训

针对采购与供应链人员,CPSW 公司将提供专业的风险管理培训课程。结合行业实际案例,深化员工对风险管理的理解并提高其应用能力。同时,公司将定期邀请业内风险管理专家,分享前沿理念和实战经验。

3. 实战模拟演练

通过精心设计的模拟实战演练,让员工在接近真实的风险环境中进行应对,如处理供应商突发问题、物流中断等。这样的演练旨在提升员工在实际操作中的风险应对技巧,同时检验并优化公司的风险预案。

4. 案例教学

CPSW公司将收集并深入分析企业内外部的风险案例，特别是那些造成严重后果的案例，将其作为教学材料。通过案例教学，使员工能够直观地认识到风险的严重性和复杂性，进而提升他们的风险识别和应对能力。

5. 遵循"坏消息优先"沟通原则

公司强调，一旦发现风险信号或潜在问题，员工必须立即按照既定的报告流程和沟通渠道进行上报。同时，CPSW将建立应急响应机制，确保对风险的快速反应。

6. 构建信息共享平台

为了打破信息壁垒，CPSW公司将构建一个企业内部的信息共享平台。该平台将整合来自不同部门的信息资源，提高员工对全局风险的感知能力。同时，鼓励员工在平台上分享风险管理经验，形成共同学习的氛围。

7. 利用科技辅助工具

CPSW公司将积极引入先进的风险管理软件和系统，如大数据分析、物联网监控和人工智能预警等技术。这些工具将帮助公司更精确地识别、分析和处理风险，从而提升整体风险管理水平。

8. 加强跨部门沟通与合作

鉴于风险的跨部门特性，CPSW公司将成立专门的风险管理团队，并定期召开跨部门会议。这将有助于各部门之间形成合力，共同应对和解决风险管理中的复杂问题。同时，加强与其他关键部门的沟通与协作，确保在风险事件发生时能够迅速有效地进行响应。

通过以上措施的实施，企业将能够有效提高采购与供应链人员的风险敏感性，使他们更及时、更准确地捕捉到风险信号，并采取相应的应对措施，包括制定各种"应急预案"。

6.8 识别风险，不留死角

在供应链管理中，实现风险识别的全覆盖、不留死角，是企业确保供应链稳定性和可持续发展的重要保障。为了达到这一目标，企业可以采取以下策略和方法。

1. 建立全面的风险识别体系

企业要明确风险识别目标，即确立识别所有可能影响供应链稳定性和企业运营的潜在风险，确保风险识别的全面性和深入性。为此，企业应组建一个由供应链管理专家、风险管理人员、财务人员等多领域专家组成的风险识别团队，确保能够从各个角度全面审视供应链风险，不留死角。

2. 采用多元化的风险识别方法

企业可以总结并运用以下五种主要的风险识别方法。

- 情景分析法：通过模拟未来可能发生的各种情景，识别出可能影响供应链的风险因素，确保对潜在风险的全面预测和应对。
- 历史事件分析法：深入分析历史风险事件，总结经验教训，识别出可能导致类似事件再次发生的潜在风险，确保历史教训得到汲取。

- 流程分析法：对供应链流程进行详尽分析，从起点到终点，识别出每个环节可能存在的潜在风险点，确保流程分析的全面性和细致性。
- 结构化/半结构化访谈法：与供应链中的各个利益相关者进行深入交流，获取他们对供应链风险的看法和意见，确保从多个角度全面识别风险。
- 检查表法：根据历史风险评估结果和风险事件，制定详细的风险检查表，确保对常见和潜在风险的全面覆盖和检查。

3. 关注供应链的全链条风险

企业需要关注供应链的全链条风险。

- 上游供应商风险：对供应商的财务状况、交货履约能力、质量管控等进行全面评估，确保供应商的稳定性和可靠性。
- 内部运营风险：关注企业生产、物流、仓储等各个环节的潜在风险，确保内部运营的稳健性。
- 下游客户风险：密切关注客户需求的变化，及时调整供应链策略，以应对需求波动带来的风险。
- 外部环境风险：关注自然灾害、政治和法律变化等外部环境因素对供应链的影响，确保对外部风险的及时应对。

4. 建立风险信息共享和监控机制

企业应建立供应链风险信息共享平台，确保供应链中的各方能够及时获取风险信息并共同应对。同时，利用信息技术手段建立供应链风险的实时监控和预警系统，确保对潜在风险的及时发现和应对。

当然，这些措施并非一成不变，需要持续评估与改进。企业应定期对供应链风险进行全面评估，确保风险识别的时效性和有效性。同时，根据风险评估结果和实际操作经验，不断完善和改进风险识别体系和方法，确保风险识别的全面性和准确性。

6.9 风险控制的"三道防线"

在构建供应链风险管理体系时，首要任务是依据"OPPT"模型，确立坚实的组织保障。为此，构筑由业务部门、风险管理部门和审计监察部门组成的"三道防线"，是有效降低风险并提升供应链稳定性的关键策略。

以下是对如何利用这三道防线具体管理供应链风险的详细阐述。

第一道防线：业务部门。

业务部门，作为供应链风险管理的最前沿，肩负着日常运营和管理的重任。它们需要积极收集风险信息，精准识别风险点及风险环节，并对这些风险进行全面评估与控制。例如，业务部门应定期对供应商进行评估，以确保其可靠性和稳定性；同时，还需深入预测和分析市场需求，以规避因市场需求波动而带来的供应链风险；此外，业务部门还需要不断完善风险数据信息库，并设定所负责业务的风险预警临界标准，从而助力企业及时察觉潜在风险，并采取有效应对措施。

第二道防线：风险管理部门。

风险管理部门，在供应链风险管理中扮演着核心角色，部分企业还设有首席风险官，全面负责风险的管理与控制。该部门需要汇总、对比、筛选来自业务部门的风险评估结果，对整体风险进行综合评价。在此基础上，风险管理部门还需制定并执行风险管理策略，负责日常风险监控，并提出全面的风险管理改进方案。同时，它们还需向高层提交企业全面风险管理年度报告，以便高层了解企业面临的风险状况，并据此制定战略决策。在供应链风险管理中，风险管理部门不仅协助业务部门识别和控制风险，还为业务部门提供风险管理的专业指导和支持。

第三道防线：审计监察部门。

审计监察部门是供应链风险管理的最后一道防线，主要负责对风险管理工作的有效性进行审计和监督。该部门需加强对重点业务和关键环节风险管理的检查，形成日常管理与专项检查相结合的重大风险管控长效机制。同时，审计监察部门还需对风险管理部门提交的风险管理年度报告进行审计和评估，以确保风险管理工作得到有效执行。一旦发现风险管理工作存在问题或不足，审计监察部门需及时向高层报告，并提出改进建议。在供应链风险管理中，审计监察部门通过监督和检查风险管理工作，能够发现潜在的风险和问题，并推动业务部门和风险管理部门进行持续改进和提升。

【案例】

华为公司：利用"三道防线"，控制供应链风险

华为作为全球领先的 ICT（信息与通信技术）解决方案供应商，在供应链风险管理方面有着丰富的经验和成熟的体系。华为通过构建"三道防线"，有效地降低了供应链风险，保障了其全球业务的稳定运行。

第一道防线：业务与采购部门。

其职责与行动如下。

- 供应商评估与管理：华为的业务与采购部门负责供应商的初步筛选和持续评估。它通过严格的供应商审核流程，确保供应商在质

量、交付、成本等方面符合华为的要求。同时，定期对供应商进行绩效评估，及时发现并解决潜在问题。
- 多元化采购策略：为了避免对单一供应商的过度依赖，华为实施多元化采购策略，与多家供应商建立合作关系。这样，在某一供应商出现问题时，华为能够迅速切换到其他供应商，确保供应链的稳定。

第二道防线：风险管理部门。

其职责与行动如下。

- 风险识别与预警：华为的风险管理部门负责收集和分析供应链中的各类风险信息，包括自然灾害、政治动荡、贸易政策变化等。通过建立风险预警机制，华为能够提前识别潜在风险，为制定应对策略赢得时间。
- 风险应对策略制定：针对识别出的风险，风险管理部门会协同相关部门制定具体的应对策略。这些策略可能包括调整库存水平、优化运输路线、加强备用货源准备等，以确保在风险发生时能够迅速应对。

第三道防线：审计与合规部门。

其职责与行动如下。

- 合规性审查：华为的审计与合规部门负责审查供应链的合规性，确保所有业务活动都符合法律法规和公司政策的要求。这有助于降低因违规操作而引发的供应链风险。
- 内部审计与监督：该部门定期对供应链风险管理体系进行内部审计，评估各项措施的执行情况和有效性。通过发现问题并提出改进建议，审计与合规部门不断推动供应链风险管理体系的完善。

总结一下，华为通过构建"三道防线"的供应链风险管理体系，有效地降低了供应链风险。这一体系不仅体现了华为在供应链管理方面的专业性和前瞻性，也为其他企业提供了宝贵的经验和启示。在实际操作中，企业可以根据自身情况和需求，灵活调整和完善"三道防线"的具体内容和措施。

6.10 风险登记簿，记录"看见"的风险

风险登记簿是一个重要的风险管理工具，它用于系统地记录、跟踪和管理项目或企业运营过程中识别出的各种风险。将识别出的风险记录在"风险登记簿"上，让风险被"看见"、被"管理"，从而有效控制风险。

以下是对风险登记簿的详细讲解。

1. 风险登记簿的作用

风险登记簿是一份简洁的、结构化的文档，用于列出企业项目或合同中所包含的所有风险。通过将供应链中识别出的风险登记在册，使得这些风险能够被看见、被有效地管理。风险登记簿是风险管理过程中的核心文件，它能帮助项目团队或企业管理层全面了解当前面临的风险状况，从而做出明智的决策。

2. 风险登记簿的内容

风险登记簿通常包含以下内容。

（1）风险编号：为每个风险分配一个唯一的编号，便于跟踪和管理。

（2）风险描述：对风险的详细描述，包括风险的性质、发生的原因和可能产生的影响。

（3）风险类型：将风险按照不同类型进行分类，如技术风险、市场风险、管理风险等。

（4）风险级别：根据风险的严重程度和影响范围，为每个风险划分一个级别，如高、中、低。

（5）风险应对措施：针对每个风险，列出可行的应对措施，并明确责任人和执行时间。

（6）风险状态：记录风险的当前状态，如已识别、已评估、已控制等。

3. 风险登记簿的使用和管理

（1）定期更新：风险登记簿应定期更新，以确保其包含最新的风险信息。

（2）共享与沟通：风险登记簿应在项目团队或企业内部进行共享，以便所有相关人员都能了解当前的风险状况。同时，应建立有效的沟通机制，确保信息的及时传递和反馈。

（3）监控与审查：定期对风险登记簿进行审查，评估各项风险的控制情况，并根据实际情况进行调整和完善。

通过使用风险登记簿，企业可以更加全面地了解自身面临的风险状况，从而做出更加明智的决策。同时，风险登记簿还有助于提高企业的风险管理能力，减少潜在损失，保障企业的稳健运营。风险登记簿提供了一个风险监督、管理和检查活动的框架。

6.11 评估供应链脆弱性的两个模型

当评估供应链的脆弱性时，有多种风险评估模型可以采用，其中供应链风险指数模型和供应链网络脆弱性评估模型较为常用，尤其是供应链风险指数模型,由于简单实用,被供应链管理人员广泛采用。以下是对这两个模型的详细解读。

1. 供应链风险指数模型

供应链风险指数模型是利用数学和统计学方法,对供应链中的潜在风险进行量化评估。使用供应链风险指数模型通常包括以下几个步骤。

(1)识别风险事件。

在运用供应链风险指数模型时,首要步骤是识别出供应链中可能对企业造成不利影响的风险事件。这些风险事件可能源自供应链的各个环节,如原材料供应、生产制造、物流运输、市场需求等。

(2)评估风险事件的发生概率和影响程度。

确定风险事件发生概率(Probability):对每个已识别的风险事件,评估其在未来一段时间内发生的概率。这可以通过历史数据、统计分析和专家判断来完成。概率为0~100%,但实战中不可能做无限细分,所以可以分成三个等级,比如10%(低风险)、30%(中风险)、70%(高风险)。

确定风险事件的影响程度(Impact):分析风险事件发生后对企业造成的直接损失和间接损失或影响程度,包括经济损失、声誉损失、业务中断等多个方面。影响程度可以分成10个等级,用1~10来表示。

(3)计算风险指数。

$$风险指数 = 发生概率 \times 影响程度$$

注意,此处的风险指数是一个风险评分,是对风险的量化评估,并非实际的损失金额。风险指数的范围应该在0~10。

你可以根据自己企业或行业的标准和最佳实践来确定一个阈值,然后将计算出的风险指数与阈值进行比较,以确定风险的高低,并制定相应的风险管理策略。

例如,0~2可被视为低风险;2~7可被视为中风险;7~10可被视为高风险。

例如,识别出某个供应链中断事件的风险发生概率为30%,其影响程度为7,则风险指数=30%×7=2.1,属于中风险。

(4)风险分析与应对。

根据计算出的风险指数,对供应链或业务领域的风险状况进行分析。识别出高风险区域和关键环节,并制定相应的风险管理策略。这些策略可能包括加强监控、优化流程、制定应急预案等,以降低潜在风险对企业运营和财务状况的不利影响。

2. 供应链网络脆弱性评估模型

供应链网络脆弱性评估模型是一种方法论,它从网络结构的角度出发,对供应链系统在面对内外部冲击时的抵抗能力和恢复能力进行评估。应用这个模型的具体步骤如下。

(1)分析节点的连接关系。

在供应链网络中,节点代表各类实体,如供应商、制造商、分销商等。模型首先分析这些节点之间的连接紧密程度和相互依赖关系。紧密的连接关系意味着节点间的业务往来频繁,一旦某个节点出现问题,其影响可能迅速扩散至整个网络。

(2)评估节点的重要性和依赖度。

该模型通过定量和定性指标来评估每个节点在供应链网络中的重要性。例如,利用中心性度量(如度中心性、接近中心性等)来量化节点在网络中的位置优势;交易频率和数量则反映了节点间的实际业务联系强度。这些评估结果有助于识别出关键节点，即那些对整个供应链网络影响最大的节点。

（3）预测中断影响。

基于上述分析，模型能够模拟潜在的中断事件（如供应商停产、运输中断等），并预测这些事件对供应链网络的影响范围、影响程度和持续时间。这为企业提前制定应对措施、减少中断事件带来的损失提供了有力支撑。

在具体应用这个模型时，首先需要收集供应链网络的基本数据，包括节点信息、连接关系、交易数据等，并进行清洗和整理，以确保数据的准确性和完整性。然后，利用收集到的数据构建供应链网络的拓扑结构图，明确各节点之间的连接关系。接着，应用中心性度量、交易频率和数量等指标来计算各节点的重要性和依赖度，从而识别出关键节点。最后，设计不同的中断场景，利用模型模拟这些场景对供应链网络的影响，预测可能的损失和后果，并据此制定风险管理策略。

在实际应用中，企业可以根据自身情况选择适合的模型进行评估，或者结合使用多个模型以获得更全面的风险视图。同时，企业应保持警惕，不断根据实际情况对模型进行灵活应用和调整，以确保供应链的稳健运行。

6.12 供应链风险管理的"4T"法则

在供应链风险管理的实践中，识别风险只是第一步，更为关键的是要研究并制定有效的应对措施。为此，人们总结了供应链风险管理的"4T"法则：风险终止（Terminate）、风险处理（Treat）、风险转移（Transfer）和风险容忍（Tolerate）。这四种策略构成了供应链风险管理的核心框架，帮助企业更全面地应对潜在风险，确保供应链的稳健与可持续性。以下将结合实际应用案例，详细解释这四种策略。

（1）风险终止。

终止策略，也称为避免策略，其核心理念是主动放弃或调整可能导致风险的活动，以消除风险发生的可能性。在供应链风险管理中，这一策略尤为重要。例如，某企业在对供应商进行风险评估时，发现一家关键供应商存在严重的合规问题，可能导致供应链中断。为了避免这一风险，企业决定终止与该供应商合作，转而寻找更可靠的合作伙伴。这一决策有效预防了潜在的供应链中断和质量问题。

（2）风险处理。

处理策略，也称为降低策略，旨在通过改进措施来减少风险的发生概率或影响。在供应链管理中，这一策略的应用十分广泛。比如，一家电子产品制造商识别出其供应链中存在物流延迟的风险。为了降低这一风险，企业采取了多项措施，包括优化物流流程、增加库存缓冲、实施多元化采购策略，并加强了对供应商的审核和质量控制。这些措施有效减少了物流延迟的发生，提升了供应链的稳定性。

（3）风险转移。

转移策略，是将风险转移给其他实体或通过保险来分摊风险。在供应链管理中，这一策略常用于应对难以完全避免或降低的风险。例如，一家跨国企业在运输高价值产品时，购买了运输保险以应对潜在的货物损失或损坏风险。此外，该企业还与多个供应商合作，分散了单一供应商带来的风险。通过这些措施，企业成功地将部分风险转移给了保险公司和其他供应商，减少了自身承担的风险。

（4）风险容忍。

容忍策略，也称为接受策略，是在评估风险后选择不采取特别措施，而是接受风险并准备承担其后果。这一策略通常适用于低概率、低影响的风险，或者当采取管理措施的成本效益比不高时。例如，一家零售企业在评估其供应链风险时，发现某些偶发性的供应链延迟对业务影响较小，在权衡了采取预防措施的成本和效益后，决定容忍这些风险，而不是投入大量资源去预防。这一决策基于企业对风险的全面评估和对成本效益比的考量。

通过综合应用"4T"法则，企业能够更全面地管理供应链风险，确保供应链的稳健与可持续性。在实际操作中，企业应根据具体情况灵活地选择和应用这四种策略，以构建有效的供应链风险管理体系。

6.13　业务连续性计划、灾害恢复计划与 Plan B

为了有效应对各种潜在风险，企业需制订全面的风险管理计划，包括业务连续性计划（Business Continuity Plan，BCP）、灾害恢复计划（Disaster Recovery Plan，DRP）以及备选计划/第二套计划（Plan B）。本节将详细探讨这三个计划的重要性、制订过程以及它们之间的关系。

1. 业务连续性计划

业务连续性计划是企业为了应对突发事件或灾难性事件而制订的，旨在确保关键业务流程在风险事件发生时能够迅速恢复并继续运行。BCP 的制订是供应链风险管理中的关键步骤，它为企业提供了一个明确的指导框架，以应对各种潜在风险。

在制订 BCP 时，企业首先需要识别出供应链中的关键业务流程，这些流程对于企业的持续运营至关重要。接下来，企业需要对这些关键业务流程进行风险评估，确定可能的风险来源、影响程度和发生概率。基于风险评估结果,企业可以制定相应的恢复策略,包括预防措施、减轻措施和应对措施。这些措施旨在降低风险事件的发生概率和影响程度,确保企业在风险事件发生时能够迅速恢复业务运营。

在制订 BCP 时,企业还需要制订详细的执行计划,明确每个恢复策略的具体实施步骤、时间表、责任人和所需资源。此外,企业还需要定期对 BCP 进行测试和修订,确保其有效性。通过培训和沟通,企业可以确保员工了解 BCP 的内容和要求,提高他们应对风险的能力。

2. 灾害恢复计划

灾害恢复计划是针对自然灾害、技术故障等突发事件而制订的,旨在确保企业在这些事件发生后能够迅速恢复关键设施、系统和供应商。DRP 是 BCP 的重要组成部分,它为企业提供了一个具体的恢复策略,以确保企业在遭受重大损失时能够迅速恢复运营。

在制订 DRP 时,企业需要组建一个由不同部门专业人员组成的应急响应团队,负责在灾害发生时迅速做出反应。此外,企业还需要对关键数据、文件和系统进行定期备份,确保在灾害发生时能够快速恢复。基于风险评估结果,企业可以制定恢复策略,包括恢复关键设施、系统、供应商等。这些策略旨在确保企业在灾害发生后能够迅速恢复供应链的稳定性和可靠性。

在 DRP 的实施过程中,企业需要协调内部和外部资源,确保在恢复过程中得到充分的支持和帮助。此外,企业还需要与供应商、合作伙伴等建立紧密的合作关系,共同应对灾害带来的挑战。在恢复过程中,企业还需要对供应链进行重建和优化,提高其韧性和抗风险能力。

3. 备选计划 / 第二套计划

备选计划 / 第二套计划是企业为应对供应链中不可预见的风险而制订的备用计划。与 BCP 和 DRP 相比，Plan B 更加灵活和多样化，它可以根据不同的风险事件进行调整和变化。

在制订 Plan B 时，企业需要充分考虑各种可能的风险事件和情景，制订相应的应对方案。这些方案可以包括备用供应商的选择、替代物流渠道的建立、库存管理的调整等。通过制订 Plan B，企业可以提高供应链的韧性和灵活性。

BCP、DRP 和 Plan B 在供应链风险管理中起着相互补充的作用。BCP 和 DRP 为企业提供了明确的指导框架和恢复策略，以确保企业在风险事件发生时能够迅速恢复运营。Plan B 则为企业提供了一个备用的应对方案，确保企业在主要计划无法实施时仍然能够保持运营的稳定性和连续性。通过综合运用这三个计划，企业可以构建一个全面、有效的供应链风险管理体系，以应对各种潜在风险。

6.14 利用约束理论"五步聚焦法"找瓶颈

约束理论（Theory of Constraints，TOC），是一种管理理念和方法的集合，旨在帮助企业识别并消除那些限制其达成目标的制约因素。简单来说，TOC 就是关于如何进行改进和如何更好地实施这些改进的一套管理理念。

根据 TOC，我们可以采用"五步聚焦法"来寻找供应链中的瓶颈。以下是这五个步骤的详细说明。

（1）识别制约因素。

首先，要对整个供应链进行全面的审视，明确其各个环节和组成部分。通过流程图、网络图等工具，我们可以更清晰地看到供应链中各个环节之间的联系。在此基础上，分析哪些环节可能成为限制供应链整体效率的瓶颈。这些瓶颈可能表现为物流延迟、库存积压、供应商响应速度慢等。

（2）分析瓶颈影响。

在识别出潜在的制约因素后，我们需要进一步评估这些因素对供应链造成的具体影响。例如，物流延迟可能导致客户满意度下降，库存积压可能增加仓储成本。通过明确这些影响，我们可以更准确地判断哪些因素是真正的瓶颈。

（3）迁就制约因素。

在确定了瓶颈环节后，我们需要对供应链的其他环节进行调整，以最大限度地减少瓶颈环节的影响。例如，如果物流环节是瓶颈，我们可以考虑通过优化配送路线、提高配送频率等措施来应对这一制约因素。

（4）打破制约因素。

当我们已经清楚了当前的制约因素后，下一步就是寻找打破这些制约因素的方法。这可能包括改进工艺、引入新的技术或设备、寻找更高效的供应商等。通过这些措施，我们可以从根本上提升供应链的效率。

（5）重回第一步。

在解决了一个瓶颈问题后，我们需要重新回到第一步，开始新的循环。因为供应链是一个动态的系统，随着环境的变化和业务的增长，新的瓶颈可能会不断出现。因此，我们需要持续监控供应链的性能，并定期进行重新评估和调整。

在整个过程中，数据的收集和分析是非常关键的，它们可以帮助我们更准确地识别瓶颈、评估影响并找到解决方案。同时，与供应链团队成员和相关部门的紧密合作也是成功实施这些步骤的重要保障。

【案例1】🛒

利用TOC"五步聚焦法",解决烘焙店的瓶颈问题

假设有一家小型烘焙店,每天能制作100个面包,但由于烤箱容量有限,每次只能烤制20个面包。这家店每天的销售目标是卖出120个面包,然而,由于烤箱的限制,它无法达到这个目标。

(1)识别制约因素:在这个例子中,烤箱的容量就是制约因素,因为它限制了面包的生产量。

(2)分析瓶颈影响:由于烤箱容量小,每次只能烤制20个面包,导致生产效率低下,无法满足销售目标。

(3)迁就制约因素:为了迁就烤箱的容量限制,烘焙店可能需要分批次烤制面包,确保每次都能充分利用烤箱的容量。

(4)打破制约因素:烘焙店可以考虑购买一个更大容量的烤箱,或者增加烤箱数量,以提高生产效率。

(5)重回第一步:在解决了烤箱容量问题后,烘焙店需要持续监控生产过程,确保新的设备能够充分发挥作用,然后随时准备应对可能出现的新的制约因素。

通过这个案例1,我们可以看到TOC是如何帮助烘焙店识别并解决制约其发展的瓶颈问题的。我们再来看一个稍复杂一点的场景——一个制造企业的案例。

【案例2】🛒

利用TOC"五步聚焦法",解决制造企业的瓶颈问题

某制造企业面临生产效率低下和交货期延长的问题,导致客户满意

度不断下降。为了改善这一状况，企业决定采用TOC"五步聚焦法"来找出并消除这些制约因素。

首先，企业通过对整个生产流程的可视化发现，某台关键设备的利用率非常高，经常处于满负荷运转状态，而其他设备则有较多的闲置时间。因此，企业初步判断这台关键设备是生产流程的制约因素。

接着，企业进一步收集了该设备的运行数据，并进行了深入分析。它发现设备的利用率已经达到了95%以上，几乎没有进一步提升的空间。同时，由于该设备的产能限制，后续工序经常出现等待的情况，导致整体生产效率下降，成为影响企业生产的瓶颈。

为了迁就这台关键设备，企业调整了生产计划，确保该设备能够连续、稳定地运行。同时，它也对后续工序进行了优化，以减少等待时间并提高整体效率。

然后，企业决定投资购买一台新的同类型设备，以增加产能并分担原有设备的压力。同时，它还对生产工艺进行了改进，以减少对关键设备的依赖。

在新增设备和改进工艺后，企业重新对整个生产流程进行了评估，它发现新的制约因素出现在物流配送环节。于是，企业再次运用"五步聚焦法"对物流配送进行了优化。

通过运用TOC"五步聚焦法"，这些企业成功地找出了限制生产流程达到目标的制约因素，并采取了相应的措施进行改进。这不仅提高了生产效率，还缩短了交货期。同时，企业也意识到了持续改进的重要性，并决定继续运用这种方法来优化生产和管理流程。

6.15 中国企业出海，如何管控供应链风险

随着中国企业积极拓展海外市场，供应链风险管理成为企业成功"出海"的关键。为了确保海外业务的稳定运营，企业可以遵循政治、经济、社会、技术、环境、法律（Political，Economic，Social，Technological，Environmental，Legal，简称 PESTEL）六个维度来识别和管理供应链风险。

（1）政治维度。

- 风险点：政策变动、贸易壁垒、政治不稳定、国际关系紧张等。
- 识别和管理：密切关注目标国的政治动态，评估政策的走向和稳定性；了解国际贸易关系和贸易协定，分析可能对企业供应链产生的影响。

（2）经济维度。

- 风险点：宏观经济波动、汇率变动、通货膨胀、物流成本增加、供应链中断等。
- 识别和管理：分析目标国的宏观经济状况，评估市场需求和消费者购买力；评估物流基础设施的完善程度，预测供应链效率和成本的变化；了解当地工业化水平和供应链成熟度，以评估合作伙伴的可靠性。

（3）社会维度。

- 风险点：文化差异、消费者偏好变化、劳动力市场状况、社会责任要求等。
- 识别和管理：深入研究目标市场的文化和社会环境，了解消费者

偏好和需求；评估劳动力的数量、质量、成本和受教育水平，以预测生产效率和质量控制的风险；关注并履行社会责任，以维护品牌形象和社会认可。

（4）技术维度。

- 风险点：数字化基础设施不足、技术更新迅速、信息安全和数据管理问题等。
- 识别和管理：评估目标国的数字化基础设施的发展水平，包括通信网络、数据中心等；关注新技术在供应链中的应用趋势，如物联网、大数据分析、人工智能等；加强信息安全和数据管理，确保供应链中的信息安全。

（5）环境维度。

- 风险点：环保法规、绿色贸易壁垒、可持续发展要求等。
- 识别和管理：了解并遵守目标国的环保法规和标准；关注绿色贸易壁垒的发展趋势，评估其对企业供应链可能产生的影响；推动绿色供应链建设，实现可持续发展。

（6）法律维度。

- 风险点：法律法规差异、合同纠纷、知识产权问题等。
- 识别和管理：建立法律顾问团队，为供应链管理提供专业的法律意见；了解并遵守目标国的法律法规，特别是与供应链相关的规定；加强合同管理，防范合同纠纷风险；保护知识产权，防止侵权行为对企业造成损失。

在这六个维度中，我想特别说明的是，中国企业在"出海"过程中，绿色贸易壁垒和蓝色贸易壁垒是面临的两大主要挑战。这两种贸易壁垒不仅增加了企业进入国际市场的难度，还可能对企业的正常经营和成本竞争力产生重大影响。

- 绿色贸易壁垒，是指进口国以保护生态环境和人类健康为由制定的贸易限制措施。它包括国际环保公约、国内环保法规和标准等。绿色贸易壁垒名义上合理，以环保为旗帜；形式上合法，通常具有法律基础；内容上广泛，涵盖多种产品；实施上隐蔽，常以环保要求出现。
- 蓝色贸易壁垒，是指以劳工权益为焦点的贸易保护措施，核心是SA8000标准，强调企业要保障劳工权益。它侧重于劳工条件、薪资待遇，要求企业承担社会责任，对发展中国家劳动密集型产业影响显著。

以下是两个真实案例。

【案例1】

遭遇绿色贸易壁垒，进入欧洲市场受挫

某家电企业在尝试进入欧洲市场时，遭遇了严格的能效和环保标准。欧洲多国对家电产品的能效有明确要求，且不断提高标准。该企业初期未能充分了解并适应这些标准，导致部分产品无法在欧洲市场上市。为了跨越这一绿色贸易壁垒，企业不得不投入大量资金进行技术研发和产品改进，以满足欧洲的能效和环保要求。

【案例2】

遭遇蓝色贸易壁垒，在非洲发生严重劳资纠纷

某电子工厂在非洲某国设立代工厂，生产电子产品。然而，由于忽视当地劳工权益和劳动法规，企业遭遇了严重的劳资纠纷。工人罢工，要求提高工资和改善工作条件，这导致了企业生产中断，并造成巨大的经济损失。为了解决这个问题，企业不得不与当地政府和劳工组织进行谈判，并承诺改善工作条件和遵守当地劳动法规。

这些真实案例表明，中国企业在"出海"过程中必须充分关注目标国的绿色贸易壁垒和蓝色贸易壁垒。通过加强环保意识、改善生产工艺、重视劳工权益和遵守当地法律法规，企业可以降低这些贸易壁垒带来的风险，并提升自己在国际市场的竞争力。

本章小结
管控三个流，控制供应链风险

物流、信息流和资金流是供应链管理的对象，这三大要素对于供应链的稳定性和效率至关重要。因此，供应链风险本质上可归结为这三个流的风险。

物流风险不仅体现在货物运输过程中可能遇到的中断，还包括运输延误、货物损坏或丢失、库存问题及配送错误等。这些问题和中断情况会直接影响产品的及时交付和客户满意度，进而可能损害企业的市场份额和声誉。为了降低物流风险，企业需要优化库存管理，选择可靠的运输合作伙伴，并加强信息沟通与共享，同时制订应急预案以应对可能的物流中断。

信息流风险涉及信息的准确性、及时性和安全性，它取决于信息质量的"全、真、精、新"。信息不对称、信息延迟、数据错误或不一致、信息安全风险以及沟通障碍，都可能导致供应链效率下降和决策失误。为了降低信息流风险，企业需要加强信息的沟通与共享，确保信息的"全、真、精、新"，并强化信息安全措施。

资金流风险涉及支付、收款和资金周转等方面，资金流的延误、断裂或信用风险都可能对供应链的稳定性和企业的财务状况造成严重影响。为了降低资金流风险，企业应加强资金管理，确保资金的充足性和流动性，建立完善的风险控制机制，并谨慎选择合作伙伴以避免欺诈行为。

将供应链风险视为物流、信息流和资金流的风险，有助于企业通过对这三个流的有效管理，更全面地识别和评估潜在风险，并制定相应的风险管理策略。

第 7 章

供应链创新：三个流＋数字化

导　语

核心观点：市场激烈竞争，创新已不再是一场时尚秀，而是企业生存和发展所必须。打造成功的商业模式，离不开供应链支撑。物流、信息流、资金流是创新的对象，透明、高效、降成本是创新的成果，更快速、更协同、更精准是创新的追求。

为实现这些目标，我们必须认识到，创新不仅是有方法的，还是有模式和具体手段的。对照"SCM321 模型"，借助数字化手段，创新就像做菜，有谱可循。通过创新，我们可以让供应链变得更智能、更高效与可持续，进而提升新质生产力。

7.1 SCM321 视角：线上如何打败线下

大家知道，在数字化浪潮的持续推动下，线上业务已逐渐蚕食并超越了传统线下业务的市场份额。为了深入探究这一现象背后的原因，我们将借助"SCM321"模型，结合具体案例，详细解读线上业务是如何成功打败线下业务的，为大家开展供应链创新提供参考。

首先，我们从"三个流"的角度来审视线上业务的优势。

在物流方面，线上业务展现出显著的高效性。以亚马逊为例，该公司凭借其智能仓储和先进的物流系统，实现了商品的快速分拣与配送。其推出的"当日达"和"次日达"服务，大幅缩短了商品从仓库到消费者手中的时间，为消费者提供了极致的购物体验。相比之下，传统实体店受限于店面大小和库存容量，往往难以提供与线上相匹敌的商品种类和数量。同时，其在物流配送效率和成本控制方面也远不及线上电商平台。

在资金流方面，线上购物提供了多种灵活的支付方式，如网上银行、支付宝、微信支付等。消费者可以根据自己的喜好和需求选择最便捷、安全的支付方式。这不仅加快了资金流转速度，而且通过数据分析，线上平台还能为消费者提供个性化的金融服务，如分期付款、信用贷款等，进一步刺激了消费者的购买欲望。而线下支付通常涉及用现金或银行卡交易，处理时间较长，且资金流向难以追踪。尽管线下商家也开始接受微信、支付宝等支付方式，但在提供与线上相匹配的金融服务方面仍存在较大差距。

在信息流方面，线上购物打破了时间和空间的限制，使消费者能够随时随地浏览和购买商品。线上平台的购物流程简洁明了，也大大节省了消费者的时间和精力。更重要的是，线上平台提供了极为丰富的商品种类，满足了消费者的个性化需求，并为他们带来了探寻新商品的乐趣。此外，通过用户行为跟踪和大数据分析，电商平台能够精准推送个性化的商品推荐和优惠活动，大大提高了销售转化率。同时，消费者评价系统也为其他购物者提供了宝贵的参考信息。相比之下，传统实体店在收集和分析消费者数据方面存在明显不足，因此难以提供个性化的购物体验和推出精准的营销活动。

其实线上与线下比，变化最大的就是信息流。这再次印证了：信息流问题解决了，供应链的问题就解决了一半。

接下来，我们从"两条主线"的角度来探讨线上业务的优势。

在组织协同方面，线上业务通过数字化工具实现了与供应商、物流公司等合作伙伴的实时协同和信息共享。以阿里巴巴的供应链协同平台为例，该平台的高效协同模式确保了供应链的顺畅运转和对市场需求的快速响应。而传统线下实体店往往面临与供应链各环节沟通不畅、信息不对称等问题，导致协同效率低下和市场响应迟缓。

在供需对接方面，线上业务通过大数据分析精准预测消费者需求，并与供应商实时共享这些信息。例如，拼多多就通过这种模式有效减少了库存积压和缺货现象，提高了销售效率和客户满意度。而传统实体店往往难以准确预测市场需求，导致库存积压或缺货等问题频发，不仅影响了销售效率，还降低了客户满意度。

最后，在"一个突破口"——快速交付与柔性交付方面，线上业务展现出了显著的优势。以京东为例，其通过自建物流体系，不仅实现了商品的快速配送和交付，如"211限时达"服务，让消费者在下单后的第二天即可收到商品；同时，京东还展现了出色的柔性交付能力，依托智能库存系统、动态配送网络以及跨仓库调货机制，推出了定时达、次日达、隔日达等多种配送选项，为消费者提供了个性化的配送服务。相比之下，传统线下实体店受限于人力、物力、仓储能力等诸多条件，往往只能满足消费者"所见即所得"的基本需求。而在上新、补品以及送货等需要强大物流能力支撑的服务方面，其速度和灵活性远不如线上平台，难以满足消费者日益增长的即时性和个性化需求。

由此可见，线上业务在物流、信息流和资金流以及组织协同、供需对接和快速交付等方面均展现出显著优势。这些优势的共同作用使得线上业务能够成功打败线下业务成为市场的主导力量。

7.2 供应链创新："软硬兼施"

创新是企业生存和发展所必须，它是推动企业持续进步的核心驱动力。创新并不神秘，也不复杂，只要我们能在原有基础上做出改变，力求更高效、更智能、更绿色，做到与过去不同、与他人不同，那就是创新。为了让供应链创新思路更清晰，我觉得可以从"硬件"和"软件"两个维度来入手，我称为"软硬兼施"。

1. 硬件创新：重塑供应链的"三个流"与"4P+C"

在供应链管理中，硬件创新正深刻改变着物流、信息流和资金流的运作方式，同时围绕着"4P+C"模型，为企业带来前所未有的高效率和灵活性。

（1）物流的创新。

硬件技术的进步使得原材料、半成品、成品能够更快、更准确地从供应商送到生产线，从销售渠道最终送到客户手中。例如，通过引入智能化的生产设备和物流系统，企业能够精准地跟踪产品的生产进度和运输状态，确保产品质量的同时，减少不必要的时间延误。

（2）信息流的创新。

在信息流方面，硬件创新如物联网传感器的应用，使得供应链中的每一个环节都能实时反馈数据，从而实现信息的无缝对接。这不仅提高了供应链的透明度，也能帮助企业做出更为精准的决策。

（3）资金流的创新。

硬件技术同样在优化资金流方面发挥着重要作用。例如，通过引入区块链技术，企业可以确保资金流动的安全性和可追溯性，降低财务风险，提高资金的使用效率。

（4）围绕"4P+C"模型中4P的硬件创新。

- 在产品方面，硬件创新（如3D打印技术）的引入，使得企业能够更快速地响应市场需求，定制出符合消费者喜好的个性化产品。
- 在流程上，自动化的生产线和物流系统不仅提高了生产效率，还确保了产品的一致性和质量。
- 伙伴的选择也受益于硬件创新。例如，通过先进的供应链管理系统，企业能够更准确地评估潜在合作伙伴的能力，从而建立更为稳固的供应链网络。
- 在渠道/设施方面，智能化的仓储和配送系统使得企业能够在最短的时间内将产品送达消费者手中，无论他们身处何地。

（5）以客户（C）为中心的硬件创新。

最重要的是，所有的这些硬件创新都围绕着客户这一核心。例如，通过大数据分析，企业能够深入了解消费者的购买习惯和喜好，从而为他们提供更为精准的产品推荐和个性化的购物体验。同时，智能化的客户服务系统能够快速响应消费者的疑问和需求，提升客户满意度。

2. 软件创新：管理理念、管理模式、管理手段和工作机制的全面革新

与硬件创新相比，软件创新不改变"4P+C"的基础设施，主要聚焦于管理层面的创新，包括管理理念、管理模式、管理手段和工作机制等方面。

- 管理理念创新：更新管理理念是软件创新的首要任务。通过引入现代管理思想，如精益管理、敏捷供应链等，帮助企业更灵活、更高效地应对市场变化。
- 管理模式创新：探索新的管理模式对于供应链的整体优化至关重要。例如，建立跨部门、跨公司的协同工作机制，同时引入新型的合作伙伴关系管理模式，以提升供应链的稳定性和可靠性。
- 管理手段创新：引入新的管理工具和技术，如先进的供应链管理软件和大数据分析，可以显著提升决策的质量和效率。这些新手段有助于企业更好地分析市场需求、优化库存管理以及预测销售趋势。
- 工作机制创新：通过改进或重新设计工作流程、沟通机制和协作方式，可以优化团队间的协同，进而提升整体工作效率。例如，建立有效的信息共享机制，确保各部门之间的信息流通畅通无阻。

显而易见，硬件创新侧重于技术设备和基础设施的实体改进，而软件创新则聚焦于管理理念和流程的优化，两者相辅相成，共同推动供应链的整体升级和效率提升。"软硬兼施"的供应链创新策略是企业在激烈市场竞争中保持领先地位的关键。

7.3 供应链创新：产品与市场双轮驱动

或许大家会疑惑，为何将产品创新和市场创新也看作是供应链创新的一部分。为了解答这一问题，我们需要从供应链的全局视角出发，深入理解创新与供应链之间的紧密联系。产品创新和市场创新，这两者不仅是企业创新的重要方面，更对供应链的管理和运作有着深远影响。接下来，我们将探讨产品创新和市场创新在供应链创新中的核心作用。

1. 产品创新：引领供应链技术升级与资源整合

产品创新，就是企业通过研发新技术、推出全新产品或改进现有产品，满足不断变化的市场需求。在供应链管理的语境下，产品创新成为推动供应链持续升级与优化的关键动力。

首先，每当企业推出一个新产品，往往意味着它的背后有更先进的技术和更精细的生产工艺在支撑。这就要求供应链从上游的原材料采购，到生产制造，再到最终的质量检测，每一个环节都需要进行相应的技术更新和适配。这种技术上的升级不仅显著提升了供应链的生产效率，更进一步保障了产品的质量和性能，使企业能够在激烈的市场竞争中占据有利地位。

其次，产品创新也促进了供应链的资源整合。每当有新产品问世，企业都需要重新配置资源，包括原材料、生产设备以及人力资源等。这就要求供应链展现出更高的灵活性和协同性，以便能够迅速且有效地调整资源配置，满足新产品的生产需要。通过这一系列的资源整合，供应链能够更好地发挥协同效应，从而提升整体运作的流畅性和效率。

最后，同样重要的是，产品创新为供应链注入了新的增长活力。一个成功的产品创新有可能开辟出一个全新的市场空间，吸引更多的消费者关注，从而带动整个供应链的增长。新产品的成功推出，不仅能够扩大企业的市场份额，提升其盈利能力，还能够为整个供应链（从原材料供应商、生产商、分销商到最终消费者）带来更多的商业机会和发展空间。

2. 市场创新：提升供应链的市场适应性与分销能力

市场创新，主要是指企业通过调整市场策略、开拓新的销售渠道、优化客户服务等多种方式，来满足市场的多变需求并努力创造竞争优势。在供应链管理层面，市场创新无疑成了引领供应链变革的重要力量。

首先，市场创新显著提升了供应链的市场适应性。在当今这个市场竞争日趋激烈、消费者需求日益多样化的时代，企业必须不断调整市场策略以适应这些变化。这就要求供应链能够快速响应市场的各种需求变化，及时调整生产计划和物流配送策略，以满足消费者日益增长的个性化需求。通过市场创新，供应链能够更准确地把握市场动态，从而提高其市场适应性。

其次，市场创新极大地促进了供应链分销能力的提升。随着电子商务、社交媒体等新兴销售渠道的崛起，企业急需拓展销售渠道，以提高产品的市场覆盖率。这就要求供应链必须具备更强大的分销能力，以确保产品能够迅速且准确地送达消费者手中。通过积极开拓新的销售渠道和优化物流配送策略，供应链能够显著提高其分销效率，进而降低整体的运营成本。

由此我们不难看出，产品创新和市场创新在供应链创新中扮演着举足轻重的角色。产品创新通过技术升级、资源整合等方式推动供应链持续升级与优化；市场创新则通过提升市场适应性、增强分销能力等方式引领供应链的变革与发展。因此，对于任何一个有远见的企业而言，注重产品创新和市场创新的协同发展，无疑是推动其供应链管理持续改进和优化的关键所在。

7.4 更智能、更高效、可持续是创新方向

发展新质生产力，离不开供应链创新。新质生产力追求智能化、高效化和可持续。现代供应链管理的核心理念和目标也体现在智能化、高效化和可持续上，这也是供应链创新的重要方向。其中，"绿色"是可持续的一个重要组成部分。

智能化：随着物联网、大数据、人工智能等技术的不断发展，供应链的智能化水平日益提高。智能化供应链能够实现对供应链各环节的数据的实时采集、分析和处理，从而做出更精准、更及时的决策。智能化还体现在自动化和机器人技术的应用上，如自动化仓库、无人运输车辆等，这些技术可以大幅提高供应链的运作效率。

高效化：高效化是供应链管理的永恒追求。通过优化流程、减少环节、提高协同效率等手段，可以降低供应链的运作成本，提高整体运作效率。高效化还体现在对市场需求的快速响应上，通过构建灵活、敏捷的供应链体系，可以更快地将产品送达消费者手中，从而满足不断变化的市场需求。

可持续："绿色"通常是指环保、低碳、节能等概念，它强调的是对环境的保护和资源的合理利用。"可持续"则是指能够满足当代人的需求而不损害未来世代满足自身需求的能力，它强调的是长期性和持续性。可持续包含多个方面，如经济可持续、社会可持续和环境可持续等，而"绿色"主要关注环境方面。因此，可以说，绿色供应链是可持续最重要的组成部分。在全球环境问题日益严重的背景下，供应链的可持续性变

得越来越重要。

以下是一些展示了智能化、高效化和可持续供应链发展方向的实际案例。

【案例1】🛒

震坤行工业超市：数字化智能员工驱动高效运营

震坤行工业超市，作为国内领先的数字化的工业用品服务平台，在引领MRO①行业数字化变革的征程中，数字化智能员工发挥了关键作用。

AI行家助手提供即时信息服务，RPA（机器人流程自动化）数字工程师自动化处理业务流程，OCR（光学字符识别）机器人高效识别纸质文档。在关键决策环节，数字化智能员工同样发挥着不可或缺的作用。它们能够调用专家经验，为决策提供具备MRO领域专业性与准确性的支持。同时，借助数据字典和数据算法，为商品定价等决策提供全面、准确的数据支撑，进一步提升了决策的科学性和有效性。震坤行数字化智能员工不仅在数量上已超过传统员工，其效率更是显著高于传统员工，大幅提升了业务运行的顺畅性和准确性，展现了数字化革新带来的高效率。

【案例2】🛒

坤合供应链：智能仓储重塑新紧固件行业

震坤行工业超市旗下的坤合供应链，通过引入先进的ACR（Automated Case-handing Mobile Robot，箱式仓储机器人）技术和开发智能仓库管理系统，成功打造了国内首家紧固件智能仓库。ACR通过

---

① MRO，即Maintenance、Repair and Operation，是指企业对其生产和工作设施、设备进行维护、维修和运营等所需要的非生产性物料，如工具、润滑油、劳保用品等。

精确的导航系统和高效的搬运能力，实现自主移动、智能拣选与存取货物，极大提升了物流处理速度。同时，配合高达 8 米的货架布局和实时监测系统，不仅优化了仓储空间利用，还实现了对货物信息的实时跟踪与精准管理。通过这些智能化技术的应用，坤合供应链确保了仓库空间的高效利用，显著减少了发货错误，从而实现了供应链管理的全面智能化升级。

【案例 3】

耐克：打造可持续供应链

耐克，全球领先的运动品牌，正积极打造可持续供应链。除了高效的物流网络，耐克还推出了"旧鞋新生"项目，鼓励消费者参与旧鞋回收，通过专业处理使其重获新生，这一创新举措不仅促进了资源的循环利用，还深化了品牌与消费者的环保联结。同时，耐克在供应链中大力推广使用可再生能源、减少废弃物、采用可回收材料，力求在每一个环节都贯彻可持续发展的理念。这些努力不仅降低了耐克对环境的影响，也提升了其品牌形象，展现了企业对未来的深刻承诺。耐克的可持续供应链战略，正引领着行业向更绿色、更环保的未来迈进。

这些案例都展示了智能化、高效化和可持续供应链管理的巨大潜力和价值，更高效、更智能、更绿色是企业供应链创新的重要方向。

7.5　9 种常见的供应链创新模式

创新是否可以遵循一定的方法？答案是肯定的，其实创新也是可以总结出一些"模式"的。"模式"通常是指一种经过验证和抽象化的方法或结构，它用于指导实践并解决问题。

供应链模式，作为供应链网络结构的核心，其变革对于物流、信息流和资金流的优化至关重要。

下面我们探讨几种供应链创新的模式，并分析其如何重构供应链网络结构，实现物流、信息流和资金流的高效流动。

（1）一体化模式。

一体化模式强调企业与其供应链伙伴之间的协同。以海尔与苏宁的高效消费者响应（Efficient Consumer Response，ECR）创新模式为例，双方通过签署 ECR 合作协议，共同致力于中国家电供应链的创新。通过整合供应链资源，实现信息共享和协同工作，优化库存管理和物流配送，以提高响应速度和降低成本。这种模式以生产制造为核心节点，以销售为数据源，以信息技术为纽带，以协同一体化为纲，以对市场快速做出反应为首要目标。

（2）定制化模式。

定制化模式以满足客户的个性化需求为核心。耐克的 ID 业务是定制化供应链模式的典型代表。耐克提供定制化的运动鞋服务，消费者可以在其网站上选择材料、颜色、鞋底等细节来定制自己的运动鞋。通过灵活的生产和配送流程，耐克能够满足消费者的个性化需求，并提供定制化的产品和服务。这种模式要求企业具备高度柔性的生产能力和快速响应市场变化的能力。

（3）平台化模式。

平台化模式以构建供应链服务平台为核心，整合供应链各环节的资源和服务，为客户提供一站式供应链解决方案。阿里巴巴的 1688 平台是平台化模式的典型代表。通过该平台，阿里巴巴整合了众多供应商和采购商的资源，为中小企业提供一站式供应链解决方案。平台上的商家可以发布产品信息、寻找采购商、完成交易等，大大降低了交易成本。

（4）弹性模式。

弹性模式旨在提高供应链的韧性和适应性，以应对各种不确定性和风险。Zara的供应链管理模式展示了弹性模式的优势。Zara通过快速响应的供应链网络，在短时间内调整生产计划，并快速推出新款产品。其通过准确的市场研究和订单预测，避免了库存积压和滞销的风险，从而实现了供应链的弹性和灵活性。

（5）共同体模式。

共同体模式强调企业与供应商之间的紧密合作关系。丰田与供应商的关系是共同体模式的代表。丰田与其供应商建立了紧密的合作关系，共同研发新技术、共享资源。这种共同体模式有助于丰田获取优质资源、降低成本，并增强供应链的韧性和稳定性。还有吉利汽车，通过资本或法律的纽带，将吉利汽车、本土供应商和国际供应商紧密联系在一起，形成"1+1+1"的合作模式，与其供应商从过去的单方面采购关系转变为合资或合作关系，充分利用吉利汽车的市场优势、本土供应商的成本和速度优势、国际供应商的技术和质量优势，从而获得了优质资源和成本优势。

（6）托管模式。

苏宁电器是托管模式的代表，它通过向供应商开放后台系统，让供应商能够实时查看自己产品的"进销存"情况。这种托管模式降低了双方在订单上的沟通成本，提高了订单响应程度，有助于实现供应链信息的透明化，提高供应链的灵活性。

（7）销售型模式。

胖东来以其出色的顾客体验闻名，是销售型模式的代表。在每个卖场，胖东来都配备了设施完备的多功能卫生间和专门的育婴室，极大地方便了带小孩的顾客。同时，店内提供免费充电宝、宝宝车和轮椅等，以满足顾客的多种需求，营造家的温馨感。从入口到出口，卖场的人性化设计让顾客轻松选购商品，而宽敞的通道和舒适的休息区则确保顾客能在购物时得到充分休息。

（8）金融型模式。

金融型模式以提供金融服务为始，延伸至采购执行与销售执行，并建立战略合作。UPS Capital 是美国 UPS（联合包裹服务公司）旗下的金融部门。它的供应链金融服务是金融型模式的代表。UPS Capital 提供融资、保险、风险管理等在内的供应链金融服务，具体包括代理收取货款、存货抵押贷款、应收账款抵押贷款、设备租赁、国际贸易融资等，帮助 UPS 的客户降低运营成本，提高资金使用效率。

（9）物流型模式。

物流型模式以物流服务为核心，以物流网络和基础服务为纽带，以控货为手段。京东的物流体系是物流型模式的代表。京东通过自建物流体系，实现了对供应链的全程掌控。京东以物流服务为核心，通过物流网络和基础服务支持供应链运营，为客户提供快速、准确的配送服务。同时，京东还通过提供共享仓、集拼、集配等增值服务，进一步提升了供应链的运作效率。

这些供应链创新模式各有特点，企业可以根据自身的行业特性、产品特点和市场需求，选择适合自己的供应链创新模式，并进行相应的调整和优化。同时，随着技术的不断发展和市场的不断变化，企业还需要不断地对供应链创新进行探索和实践，以适应新的挑战和机遇。但是，你会发现，不管是什么模式，都是围绕物流、信息流和资金流这"三个流"。

7.6 为创新设立指标:"4P+C"模型下的考量

在供应链创新中,一个有效的评估模型能够帮助企业明确创新的方向和目标,从而更好地衡量创新的成果。基于"4P+C"(产品、流程、伙伴、渠道/设施和客户)的供应链要素,我们可以为供应链创新设立一系列指标,以全面评估创新的绩效。

(1)产品创新指标。

- 新产品开发周期:衡量从概念到实际产品推出的时间长度,反映企业响应市场需求的速度。
- 新产品市场占有率:新产品在目标市场中的销售占比,体现产品的市场接受度。
- 产品创新投资回报率:评估产品创新投入与产生的市场效益之间的比例。

(2)流程创新指标。

- 流程优化效率:通过创新改进后的流程与原流程相比,在时间和成本上的节约程度。
- 流程错误率:创新后流程中出现错误的频率,反映流程的稳定性和可靠性。
- 流程自动化水平:衡量流程中自动化技术的应用程度,体现流程创新的科技含量。

(3)伙伴创新指标。

- 合作伙伴满意度:合作伙伴对企业供应链创新活动的评价,反映企业与伙伴关系的和谐度。

- 合作伙伴协同效率：企业与合作伙伴在创新过程中的协同工作效率，体现供应链的整体效能。
- 新合作伙伴引入速度：反映企业通过创新吸引新合作伙伴的能力。

（4）渠道/设施创新指标。

- 设施利用率：衡量创新后设施的使用效率，体现设施布局的合理性。
- 物流配送效率：衡量创新后物流配送的速度和准确性。
- 库存管理优化程度：衡量创新后库存周转率和库存成本的改善情况。

（5）客户创新指标。

- 客户满意度：衡量客户对企业供应链创新后产品和服务的整体评价。
- 客户忠诚度：衡量创新后客户回购率和推荐率的提升情况。
- 客户服务响应时间：衡量创新后企业对客户需求响应的速度和质量。

"4P+C"模型下的供应链创新指标能够全方位地评估企业在产品创新、流程创新、伙伴创新、渠道/设施创新以及客户创新方面的成果。这些指标不仅有助于企业明确创新方向，还能量化创新效果，从而为企业持续优化供应链提供有力支持。

7.7 定制化时代：每个人都能拥有自己的品牌

在定制化时代，我们身处一个充满无限可能的世界。随着科技的飞速发展和消费者需求的日益多样化，定制已经成了一种全新的生活方式。

它不再局限于物质层面的产品,还深入到人们的精神世界,成为表达个性和追求梦想的重要手段。

有一年的教师节,我的同事在办公室摆上一排可乐罐,每个罐子都刻有一个字,合在一起正好组成"宫老师,教师节快乐"的字样。这令我非常感动,同时又非常惊讶。感动是因为同事们的细心,他们知道我上课喜欢喝可乐;惊讶的是,可乐这种纯批量生产的产品,居然也可以做到每罐一个字的定制了。可见定制已经无处不在。作为从事采购与供应链工作的人,我们不能不对此加以重视和研究。

1. 定制化时代,每个人都能拥有自己的品牌

定制化时代的来临,得益于现代科技的巨大进步。如今,我们可以利用先进的生产技术、智能算法和大数据分析,为消费者提供精准、个性化的定制服务。无论是服装、鞋类、家居用品,还是电子产品、旅行甚至餐饮服务,都可以通过定制来实现个性化的需求和独特的品位。

在定制化时代,每个人都可以成为自己品牌的创造者和传播者。这得益于社交媒体、自媒体等平台的普及,使得个人能够轻松地展示自己的才华、观点和作品,吸引粉丝和关注者。通过不断的努力和积累,个人可以逐渐形成自己的品牌影响力,成为某个领域的意见领袖或专家。

以时尚博主为例,他们通过社交媒体平台分享自己的穿搭技巧、时尚观点和潮流趋势,吸引了大量粉丝的关注和追捧。这些博主不仅成了时尚品牌的合作伙伴,还推出了自己的服装线或时尚周边产品,成功地将个人品牌转化为商业价值。

再如,许多手工艺人利用网络平台展示自己的手工艺品及其制作过程,吸引了众多消费者的目光。他们通过定制服务,为消费者提供独一

无二的手工艺品，不仅实现了个人品牌的传播，还带动了传统手工艺的传承和发展。

定制化时代为每个人提供了展现自我、实现梦想的机会。在这个时代，我们不再被固定的品牌框架所束缚，而是可以自由地表达自己的个性和价值观。通过定制，我们可以创造出真正属于自己的品牌故事，展现独特的魅力和价值。同时，我们也应该珍惜这个时代赋予我们的机遇，勇敢地追求自己的梦想，成为自己品牌的掌舵人。

2. 供应链的"三个流"助力个人品牌的崛起

在物流方面，随着供应链管理的日益精细化和柔性化，个性化的定制产品能够更高效地从供应商传递到最终消费者手中。对于追求个人品牌的用户来说，这意味着他们能够快速地将自己的创意转化为产品实体，并通过物流系统将自己的创意和产品送达全球的消费者。这种快速、准确的物流服务不仅提升了消费者的体验，也增强了个人品牌的市场竞争力。

在资金流方面，现代支付和结算系统的便捷性为个人品牌的强势崛起提供了巨大的支持。个人可以通过各种电子支付平台轻松地接收全球消费者的付款，同时也能便捷地管理自己的财务信息。这种资金流的顺畅不仅降低了交易成本，还使得个人能够更专注于品牌的建设和产品的创新。

在信息流方面，互联网和社交媒体等平台的普及使得个人能够以全新的方式传播自己的品牌信息。通过发布动态、分享创意、与粉丝互动，个人可以轻松地打造自己的品牌形象，并吸引更多志同道合的人。同时，信息流还提供了宝贵的市场反馈和消费者洞察，帮助个人更好地理解市场需求，从而调整自己的品牌策略和产品方向。

综上所述，在定制化时代，物流、信息流和资金流共同为个人品牌的崛起和发展提供了强有力的支持。它们使得个人能够更高效地生产、销售和推广自己的产品，从而实现了对个人品牌化的追求。

7.8 定制不难，难的是大规模定制

定制难吗？其实不难。远古时代，所有的产品都是手工制作，也可以说是定制。真正难的，其实是实现大规模定制。因为定制往往意味着成本高昂、效率低下，这使得它在大众市场的普及受到限制。工业革命使得低成本、高效率的批量生产方式迅速崛起，但这在一定程度上牺牲了产品的个性化。消费者往往只能在有限的商品选项中进行选择，他们的个性化需求在很大程度上被忽视了。

幸运的是，数字化技术的突飞猛进为我们带来了新的契机。如今，借助先进的数据分析和人工智能技术，企业能够更精准地洞察并响应消费者的个性化需求，使得定制化生产成为可能。更令人振奋的是，这些技术有望帮助我们在维持产品个性化的同时，实现比批量生产更低的成本。红领集团便是这一变革的杰出代表，它们巧妙运用数字化技术，成功实现了高效且低成本的大规模定制。

然而，我们必须认识到，大规模定制并非一蹴而就。首先，生产模式的转型便是一个巨大的挑战。为了满足不断增长的个性化需求，制造商必须拥有高度灵活的生产线，能够迅速调整以适应不同产品的生产。这无疑需要大量的资金和技术投入，对制造商而言是个不小的考验。

其次，消费者需求的多样性和善变性也给制造商带来了不小的挑战。制造商需要收集并分析海量的用户信息，以精准满足这些多变的需求，这是一项既复杂又昂贵的任务。同时，由于个性化定制产品的成本通常

高于批量生产的产品，制造商在定价时既要确保利润空间，又要考虑消费者的接受度。这就要求制造商具备快速核算成本的能力，并根据市场需求和竞争状况来制定有效的定价策略。

那么大规模定制对供应链管理有哪些挑战，我们又该如何应对这些挑战呢？

一方面，大规模定制确实给供应链管理带来了一系列独特的挑战。每件产品都可能独一无二，这使得需求预测变得异常复杂，需要快速而灵活地调整供应链，以满足这些定制化的需求。为应对这一挑战，我们应建立起强大的数据分析与预测能力，充分利用历史销售数据、市场趋势及消费者行为等信息，以更准确地预测未来的需求走向。同时，利用先进的供应链管理软件也是关键，它能实现供应链各环节的实时信息共享和协同工作，从而大大提高供应的效率。

另一方面，大规模定制导致库存种类的激增和库存管理复杂性的增加。为解决这一问题，我们可以考虑采用精益库存管理策略，以降低库存和减少浪费。同时，利用物联网技术和智能仓储系统，我们可以实时监控库存状态并进行优化管理，确保库存的周转速度和成本控制。

此外，生产和采购的复杂性也是大规模定制带来的一个显著挑战。这就要求生产线具备高度灵活性，能够快速切换生产不同规格的产品，同时采购也需根据定制化需求进行及时调整。为应对这一挑战，我们可以投资柔性生产线和模块化设计，以便更快速地调整生产配置。与供应商建立长期稳定的合作关系也至关重要，它能确保物料供应的稳定性和质量的可控性。

最后，物流与配送的难度也不容忽视。定制化产品往往对物流有更高的要求，如更快的配送速度和更准确的配送地址。为解决这一问题，我们可以利用先进的物流管理系统和技术手段来提高配送的效率和准确性。同时，与第三方物流服务商紧密合作也能实现资源和信息的共享，从而达到更高效的物流配送。

总的来说，虽然大规模定制给供应链管理带来了诸多挑战，但只要我们采用先进的技术手段和管理策略，便能有效应对这些挑战，实现供应链的优化与升级。

7.9　制造业的未来是柔性制造

大规模定制需要柔性制造。在当今快速变化的市场环境中，制造业正经历着一场深刻的变革。传统的刚性生产模式逐渐让位于更加灵活、响应速度更快的柔性制造。从社会需要和技术进步两个维度来看，柔性制造不仅满足了消费者日益增长的个性化需求，还代表了制造业技术进步的前沿方向。

从社会需要的维度来看，柔性制造响应了市场对多样化和定制化产品的迫切需求。以三一重工和明珞装备为例，它们通过对柔性生产线的改造和升级，成功应对了客户对特殊定制产品的需求。这种灵活性不仅体现在产品种类的快速切换上，还包括生产规模的灵活调整和生产过程的智能化管理。柔性制造使得制造商能够根据市场需求进行快速调整，更好地满足消费者的差异化需求，进而在激烈的市场竞争中脱颖而出。

从技术进步的维度来看，它是推动柔性制造发展的另一大驱动力。随着数字化、网络化和智能化技术的不断发展，制造业的生产方式正发生革命性的变化。数字化技术使得生产线上的各种设备和系统能够实现高效的数据传输和信息共享，为柔性制造提供了数据支撑；网络技术则使得这些设备和系统能够实现远程监控和调试，提高了生产线的灵活性和可调整性；智能化技术（如人工智能、机器学习等）则赋予了生产线自主学习和优化的能力，使得生产过程更加智能化和精准化。这些技术的应用不仅提高了生产效率，还大大降低了生产成本和废品率，为制造业的转型升级提供了强有力的技术支撑。

然而，柔性制造的发展也对供应链管理提出了新的挑战和要求。在传统的刚性生产模式下，供应链通常围绕着大规模生产进行优化设计，以实现成本最小化和效率最大化。但在柔性制造模式下，供应链需要变得更加灵活和敏捷，以适应快速变化的市场需求和生产节奏。这就要求企业在供应链管理上进行创新。

首先，企业需要构建更加智能化和数字化的供应链管理系统。通过引入物联网（IoT）、大数据分析、云计算等先进技术，实现对供应链各环节的实时监控和数据分析，提高供应链的透明度和可预测性。这样不仅可以及时发现并解决潜在问题，还可以根据市场需求进行快速调整和优化供应链配置。

其次，企业需要加强与供应商和分销商之间的协同合作。在柔性制造模式下，供应链的各个环节需要更加紧密地联系在一起，形成一个高效的协同网络。通过与供应商建立长期稳定的合作关系，共享信息和资源，实现供应链的协同优化；通过与分销商加强沟通和合作，及时了解市场动态和消费者需求，共同应对市场变化。

最后，企业还需要注重培养供应链管理的专业人才。柔性制造对供应链管理人员的素质和能力提出了更高的要求。他们不仅需要具备扎实的专业知识，还需要具备敏锐的市场洞察力和创新思维。因此，企业应该加大对供应链管理人才的培养投入，为他们提供必要的学习和培训机会，打造一支高素质、专业化的供应链管理团队。

柔性制造代表了制造业的未来发展方向，为了顺应这种变化，企业需要在供应链管理上进行创新，构建更加智能化、灵活化和协同化的供应链体系。只有这样，制造业才能在激烈的市场竞争中立于不败之地，实现可持续发展。

7.10 用 Cell 生产方式应对多品种小批量

Cell（单元）生产线是一种适应市场多样化、多品种、小批量生产需求的生产组织方式。它的出现，是对传统大规模流水生产方式的改进和升级，以满足现代工业生产对灵活性、效率和适应性的要求，也为大规模定制提供了可行的生产方式。

首先，Cell 生产方式显著增强了生产柔性。它允许企业根据市场需求的快速变化，灵活调整生产布局和产品线。这意味着企业不再局限于传统的单一、大批量的生产模式，而是能够快速响应市场的多样化需求。此外，由于 Cell 生产线的设计更加模块化，各个生产单元之间的独立性增强，可以很容易地进行组合或拆分，从而能够适应不同产品的生产需求。

其次，Cell 生产方式的生产组织形式灵活多变。每个生产单元都具备相对独立的生产能力，能够独立完成特定的生产任务。这种灵活性使得企业可以根据需要调整生产单元的数量和配置，以适应市场变化或生产需求的变化。同时，由于每个生产单元负责的任务相对专一，员工可以更专注于某一环节的操作，从而提高操作熟练度和工作效率。

最后，Cell 生产方式还带来了生产效率的显著提高。通过专业化分工和精细化操作，每个生产单元的生产效率都得到了提高。员工可以更快地掌握所需技能，减少操作失误，从而提高产品质量。此外，由于物料搬运和等待时间减少，生产线整体的流转效率也得到了提升，从而进一步提高了生产效率。

然而，在实施 Cell 生产方式时，企业需要注意以下几个方面：首先，要对生产线进行合理的布局和规划，确保各个生产单元之间顺畅衔接，减少物料搬运和等待时间；其次，要注重员工培训和技能提升，确保员工能够胜任新的生产任务和操作要求；最后，还需要建立有效的生产管理系统，对生产过程进行实时监控和调整，确保生产计划的顺利实施。

总的来说，Cell 生产方式通过提高生产柔性、灵活性和效率，为企业应对市场需求变化提供了有力支撑。然而，在实施过程中，企业需要充分考虑各种因素，确保生产线的顺利运行和持续改进。

【案例】

实施 Cell 生产革新，显著增强柔性制造水平

某企业主要生产电视机产品，过去一直采用传统的流水线生产方式，但由于市场需求日益多样化，产品种类不断增加，且订单规模逐渐减小，传统的生产方式已经无法满足市场需求和生产效率的要求。

为了应对这一挑战，该企业决定引入 Cell 生产方式。首先，它对生产线进行了重新布局和规划，将传统的长流水线划分为多个独立的 Cell。每个 Cell 都具备相对完整的生产能力，可以独立完成某一特定环节的生产任务。

通过实施 Cell 生产方式，该企业取得了显著的成效。首先，生产的柔性得到了极大提升。由于每个 Cell 都可以独立运行，因此企业可以根据订单需求快速调整生产布局和产品种类，实现快速换线。这不仅满足了市场的多样化需求，还减少了生产线的闲置时间，提高了设备利用率。

其次，生产组织形式变得更加灵活。在 Cell 生产方式下，企业可以根据订单规模和交货期的要求，灵活调整 Cell 的数量和配置。这种灵活性使得企业能够更好地应对市场波动和突发事件。

最后，生产效率也得到了显著提高。由于每个 Cell 都是专业化的，操作人员可以更快地掌握所需技能，减少操作失误。同时，物料搬运和等待时间也大大减少，生产线整体的流转效率得到了提高。这些改进使得企业的生产效率得到大幅提升，从而降低了生产成本，提高了市场竞争力。

在实施 Cell 生产方式的过程中，该企业还注重员工培训和技能提升。该企业通过定期的培训课程和实际操作演练，帮助员工尽快适应新的生产方式和操作要求。此外，它还建立了有效的生产管理系统，对生产过程进行实时监控和调整，确保生产计划的顺利实施。

这个案例展示了 Cell 生产方式在应对市场需求多样化、提高生产柔性和效率方面的优势。通过合理的布局和规划、员工培训和技能提升以及有效的生产管理系统，企业可以成功实施 Cell 生产模式，显著增强柔性制造水平，满足大规模定制要求。

7.11 AI 重构信息流：推动供应链创新

随着人工智能技术的飞速发展，AI 正在逐渐渗透到供应链的每一个环节，特别是在采购决策领域，其影响日益显著。AI 技术通过重构信息流，使得供应链管理更加高效、精准，推动了供应链的创新与发展。

下面，我们将结合具体案例，详细阐述 AI 在供应链管理中的创新应用。

1. AI 与需求预测

在传统的供应链管理中，信息的获取、处理和应用往往受到诸多限制,导致采购决策存在滞后和误差。然而,AI技术的引入彻底改变了这一状况。

以某电商巨头为例,它引入了AI技术进行需求预测。在"双11"等大型促销活动前,AI系统能够分析历史销售数据、用户浏览记录、购物车添加行为等,准确预测各类商品的需求量。基于这些预测,该电商提前与供应商协商,确保了足够的货源,并在活动期间实现了高效的库存管理。不仅避免了缺货现象,还通过优化库存降低了仓储成本。

2. AI与供应商的评估和选择

除了需求预测,AI还在供应商评估与选择方面发挥着重要作用。通过对供应商的全方位评估,AI帮助企业筛选出最符合要求的供应商。

以某汽车制造商为例,它利用AI技术对潜在供应商进行全面评估。AI系统从历史交货期、产品质量、价格等多个维度分析了供应商,并生成了综合评分。基于这些评分,该汽车制造商能够更加客观地选择最合适的供应商,从而确保了零部件的质量和稳定供应。这不仅提高了生产效率,还降低了因供应商问题导致的生产风险。

3. AI与采购策略制定

在采购策略制定方面,AI的预测和分析结果为企业决策提供了科学的依据。

以某大型零售商为例,它利用AI技术预测了某种电子产品的价格走势。基于预测结果,该零售商在价格较低时提前下单,锁定了较低的采购成本。当市场需求激增、产品价格上涨时,它已经拥有了足够的库存,并以较低的成本满足了市场需求。这种基于数据的决策方式大大提高了采购策略的针对性和实效性。

4. AI 与库存管理

此外，AI 技术在库存管理方面也展现出了强大的优化能力。通过实现仓库内货物的智能化存储与调配，AI 降低了人工操作成本。

以某服装品牌为例，它引入了 AI 技术进行库存管理。AI 系统能够实时监控库存水平，并根据销售数据和市场需求预测自动调整补货策略。这使得该品牌能够保持合理的库存水平，避免了库存积压和缺货现象。同时，AI 系统还能够优化货物的存储位置，提高了仓库空间的利用率和货物的拣选效率。

5. AI 与风险识别管理

值得一提的是，AI 还可以通过分析风险因素和大数据，智能识别和预警潜在的风险问题。

以某食品生产商为例，它利用 AI 技术进行供应链风险管理。AI 系统能够分析供应商的历史表现、市场动态以及运输过程中的风险因素等，及时发现并预警潜在的问题。例如，在某次运输过程中，AI 系统检测到某批次的食品存在温度异常的情况，及时通知了生产商。生产商迅速采取措施，避免了食品变质的风险。这种基于 AI 的风险识别和管理方式为企业提供了更加稳健的供应链保障。

"信息流问题解决了，供应链问题就解决了一半"，这是本书核心观点，我要反复宣传。AI 技术就是通过重构"信息流"推动了供应链管理的创新与发展。在各个案例中我们可以看到，AI 不仅提高了采购决策的准确性和效率，还帮助企业降低了成本并优化了库存管理、物流配送等多个环节。随着 AI 技术的不断进步和应用领域的拓展，这种基于 AI 的供应链管理方法将在未来发挥更加重要的作用，为企业创造更大的价值。

7.12 一物一码，一码到底

如果用一句话描述未来，我的看法是："一码扫天下，一键定乾坤。"只需扫一扫识别码或轻按一下键盘，即可轻松获取信息、完成交易，并实现各种功能。科技将我们的生活与数字世界无缝连接，简单、高效、智能，充满乐趣。

借助各种识别码，如条形码、二维码等，我们就能轻松记录各种物流信息、轻易获取商品详情、完成支付，甚至享受定制服务；同时，通过简单地在键盘上按一个键或在触摸屏上轻触，就能迅速实现搜索信息、发送指令、完成交易等多种功能，要你想要的，看你想看的，这种"一键操作"极大提升了效率。

从这个视角看过去，推行"一物一码"对于供应链管理创新具有重要意义。

首先，"一物一码"为每件产品赋予了一个唯一的识别码，这极大地增强了产品的可追溯性。在供应链中，从原材料采购到生产、流通、消费等各个环节，产品的信息都可以通过扫描这个唯一的二维码来获取，使得企业能够快速准确地追踪到产品的来源和去向，这对于质量控制、召回管理以及消费者权益保护都至关重要。

其次，"一物一码"有助于提升供应链的透明度和协同效率。通过实时共享产品的状态和位置信息,供应链中的各参与方能够更加紧密地协作,优化库存管理和物流计划,减少不必要的延误和浪费。这种透明度还有助于增强品牌与消费者之间的互动和信任,提升品牌影响力。

最后,"一物一码"还能为供应链管理提供数据驱动的决策支持。通过对扫描数据进行分析,企业可以洞察消费者的购买行为和市场趋势,从而更加精准地预测需求、调整生产计划,以及制定个性化的营销策略。这种数据驱动的管理方式有助于提高供应链的反应速度和灵活性,更好地满足市场需求。

【案例】

中国移动搭建"一码到底"平台,赋能供应链数智化转型[一]

超过 40 类产品纳入管理,累计扫码 1.7 亿件物资,物资平均在库时长下降 30%,作业效率提升 35%,超设计申领问题下降 16%,工程余料长期不退库问题得到有效解决,设备资产完整度提升 55%,折旧资产再利用率提升 45%……为解决企业经常面对的物资流转盲区、"跑冒滴漏"等供应链管理问题,中国移动搭建起"一码到底"平台。近日,这一平台起到的物资全生命周期管理作用已初见成效。

"一码到底"数字化转型方案,即赋予每件物资一个"身份证号"——SN 码,利用手机应用程序连接每个供应环节的具体经办人员,在货物交接时扫码,实现物资流转数据的采集和跟踪,贯通生产、采购、仓储、运输、安装、入网、转资、运维、报废等物资全生命周期。搭建"一码到底"物资全生命周期管理平台,向上整合供应商资源,实时掌握供应动态,了解产能、原材料储备、交易完成能力,保障物资交易、供应和质量安全;向下打通供应链末端,跟踪出库后物资管理,自动完成安装、

[一] 资料来源:2023-01-03,人民邮电报。

入网、转资、运维及拆旧物资的逆向管理，推动通信行业全产业链物资供应方式变革，赋能全产业链协同发展，提高资源配置的效率和效益。

"一码到底"真正实现了物资、资源、资产编码数据的集中统一管理；从源头建立"一物一码"机制，全程可跟踪、可追溯、可监控，操作更规范、流程更顺畅；通过数据源头生成、全局共享，减少人工多头录入，保证了数据刚性一致和准确性。"一码到底"作为集成物资、资产流动的信息体系，承载着资产全生命周期信息，全面融入资产形成期、资产运营期、资产退出期三大阶段，创新地实现了"物、人、财"协同管理机制的变革，助力供应链全要素生产率的提高。

中国移动"一码到底"平台的使用，有利于实现物资全程线上"可知、可视、可溯、可信、可控"，进一步健全质量溯源体系，提高物资使用的效率和效益，以信息化手段开拓资产管理提质增效的新途径；同时加快供应链数字化、智能化升级，发挥产业链协同效应，促进产业链标准化、集约化发展，形成需求牵引供给、供给创造需求的更高水平的动态平衡。

7.13　直播带货：全面重构供应链

当今时代，数字化浪潮汹涌而来，直播带货作为一种新兴的电商形态，正迅速改变着传统的购物方式和供应链结构。它不仅是一个销售窗口，更是一个集即时互动、精准营销和供应链重塑功能于一体的强大平台，为我们带来了全新的购物体验和商业机遇。

下面，我们将深入探讨直播带货是如何对传统供应链进行颠覆性重构的。

1. 从需求端看直播带货的影响力

直播带货首先改变的是消费者的购物习惯。传统的线上购物，消费者通常是通过图片和文字描述来了解产品，而在直播带货中，消费者可以实时看到产品的实际使用效果，这种真实性和即时性极大地提升了消费者的购买欲望。直播过程中的各种互动环节，如问答、抽奖等，不仅增强了消费者的参与感，也使得品牌和消费者之间建立了更为紧密的情感联系。

更重要的是，直播带货利用大数据和算法，实现了对消费者的精准营销。根据消费者的购物历史和浏览数据，直播带货能够推送符合其兴趣和需求的产品，这种个性化的购物体验是传统电商所无法比拟的。

2. 供应端面临的新挑战与机遇

对于供应商而言，直播带货带来的销售模式的变革，既是一个巨大的挑战，也是一个前所未有的机遇。由于直播带货的销售数据是实时更新的，销售波动性极大，这就要求供应商能够快速调整生产计划，以满足市场的即时需求。这无疑对供应商的生产和库存管理提出了更高的要求。

同时，直播带货也推动了供应商向更加个性化和定制化的方向发展。消费者在观看直播的过程中，往往会提出各种个性化的需求，这就要求供应商能够提供更加灵活和多样化的产品。

3. 直播带货对供应链的整体影响

从供应链的整体视角来看，直播带货无疑是一场革命。它极大地提升了供应链的透明度和灵活性。通过直播带货，消费者可以清晰地了解到产品从生产到销售的每一个环节，这种透明度不仅增强了消费者的信任，也促使供应链中的每一个环节都更加注重质量和效率。

然而，直播带货也给供应链带来了稳定性方面的挑战。由于销售数据的实时更新和销售的波动性，库存、生产和物流等环节需要面临更大的压力和不确定性。这就要求供应链中的各个环节都能够快速响应，以应对市场的变化。

4. 直播带货的本质："三个流"的重塑

深入剖析直播带货，我们会发现其本质是对供应链中的信息流、物流和资金流的全面重塑。

在信息流方面，直播带货通过实时互动，使得消费者能够获取到更为丰富和多元的信息，从而做出更为明智的购买决策。同时，供应商也可以通过直播数据，实时捕捉市场的需求和变化，实现更为精准的市场预测和产品定位。

在物流方面，为了满足直播带货带来的快速响应和个性化需求，供应商必须对其物流管理进行深度的优化和创新。智能仓储、高效配送和精细供需匹配等成了物流管理的关键词。

在资金流方面，直播带货加速了资金的回笼，为供应商提供了更多的现金流，以支持供应商的运营和发展。但同时，由于需要投入更多的资源以应对市场的快速变化，供应商的成本压力也随之增加。

5. 高效协同与精准对接的新时代要求

直播带货的兴起，对供应链中的各方提出了更高的要求。主播、供应商、物流公司和售后服务团队等需要形成一个紧密合作的生态系统，以实现高效协同和精准对接。在这个生态系统中，每一个环节都必须保持高效运转，以确保整个销售流程的顺畅进行。

为了实现这一目标，各方需要充分利用大数据、云计算等先进的技术手段，以提升信息处理的效率和准确性。通过这些技术手段，可以实时跟踪和分析销售数据、库存情况和物流进度等信息，以便及时做出调整和优化决策。

简而言之，直播带货不仅是一种新兴的销售模式，还是对传统供应链的一次深度重构。我们要直面这一挑战，抓住这个机遇，共同打造高效协同的供应链。

7.14　新零售创新："一盘货"重构"人、货、场"

想象一下，在家中悠闲品茶时，某个场景激发了你的购物需求，你只需轻触手机屏幕，商品便送至手中，何其方便！

这就是新零售，它打破了线上与线下的边界，实现全渠道融合。消费者可以通过线上平台浏览商品、下单购买，也可以到线下门店体验商品、享受服务，线上线下实现无缝对接，提升了购物体验。更令人欣喜的是，新零售还能根据你的购物记录和喜好，为你精准推荐最合适的商品，犹如拥有一位贴心的私人购物顾问。

在"人、货、场"重构中，新零售模式带来了诸多创新点。以下是对这些创新点的归纳。

1. 人的角度：消费者体验的全面升级

（1）个性化服务。

新零售通过大数据和 AI 技术，实时捕捉消费者的购物行为、偏好和需求变化，为消费者提供个性化的商品推荐和服务，真正实现了"以人为本""以客户需求为导向"的核心理念。

（2）高维多元流量。

新零售将消费者视为商业合作者，通过高维多元流量吸引和留住消费者。这包括线上线下的多渠道融合，以及社交媒体、内容营销等多种方式的互动，使得消费者能够随时随地与企业保持联系。

（3）满意度与匹配服务。

新零售注重消费者的满意度和对消费者的匹配服务。传统的消费模式已从功能性诉求转向体验式消费。商家不仅提供产品，还提供一系列增值服务，如售后服务、会员特权等，以满足消费者的物质和心理需求。

2. 货的角度：商品管理的智能化与定制化

（1）智能化管理。

新零售通过物联网技术实现商品的智能化管理，企业可以实时监控库存情况，优化库存布局和调拨策略，减少库存积压和浪费。

（2）定制化服务。

新零售根据消费者的个性化需求提供定制化服务。消费者可以参与到产品的设计和生产过程中，获得符合自己独特需求的产品。这种定制化服务不仅提升了消费者的购物体验，还增强了产品的竞争力和附加值。

（3）产品价值提升。

新零售注重提升产品的价值，包括产品黏性、自传播能力等。商家通过提供高品质的产品和服务，以及引导消费者分享购物体验，实现产品的口碑传播和品牌价值的提升。

3. 场的角度：销售场景的多样化与融合

（1）全渠道融合。

传统零售的销售场景受限于实体门店的大小、位置和营业时间，而新零售打破了这种时空限制，消费者可以在任何时间、任何地点通过线上渠道购物，享受到全天候、全渠道的便捷服务。

（2）场景化营销。

新零售将商品嵌入到各种现实生活场景中，通过场景化营销吸引消费者关注和购买。例如，在购物中心、机场、高铁站等人流密集的场所设置新零售体验店或自动售货机，为消费者提供便捷的购物体验。

（3）触点即终端，场景即门店。

新零售强调以消费者为中心进行销售场景的设计。除了传统的购物场景，还包括社交、娱乐、休闲、文化等非购物场景。企业需要打造多样化的销售场景和触点，以满足消费者的不同需求和偏好。

通过对物流、信息流、资金流的整合与优化，"一盘货"管理为"人、货、场"的重构提供了有力支持。"一盘货"管理的核心在于整合和管理线上线下的商品库存信息，实现货物和信息的集中管理。它将所有可供销售的库存货物及相关信息（如数量、位置、状态等）都集中在一个统一的平台或系统中进行管理，从而避免线上线下库存不同步而引发的问题，实现多渠道销售，并提高库存周转率。"一盘货"管理推动了新零售供应链的创新与发展。具体表现在以下几个方面。

（1）优化信息流，提升供应链的透明度与响应速度。

通过"一盘货"管理，企业能够实现订单信息、库存信息、销售数据等全链条信息的实时共享，打破了传统供应链中的信息孤岛问题。同时，企业可以根据市场需求和销售数据优化库存布局和调拨策略，例如，将库存前置到离消费者更近的区域，从而缩短配送时间。

（2）提升物流效率，降低物流成本。

"一盘货"管理实现了跨渠道、跨区域的库存共享和智能调配，能够有效减少重复库存和冗余物流，从而降低物流成本。此外，通过优化库存布局和物流网络，"一盘货"管理能够缩短配送时间，提升消费者体验。尤其是在大促期间或特殊情况下，企业能够快速响应市场变化，确保订单的及时交付。

（3）优化资金流，降低财务风险。

通过"一盘货"管理，整合供应链资源，企业能够为供应商和零售商提供更灵活的融资解决方案，减轻资金压力。同时，通过对资金流的精细化管理和风险控制，"一盘货"管理有助于企业更有效地利用资金资源。企业可以根据市场需求和库存情况合理安排采购和生产计划，从而降低库存成本和资金占用率。

"一盘货"管理通过优化三个流，重构了"人、货、场"，推动了新零售供应链管理模式的创新，提升了消费者体验。

7.15 跨界合作：擦出供应链管理新火花

在当今的商业环境中，跨界合作已成为一种重要的战略选择。不同行业之间的企业通过跨界合作，共享信息、共享资源、共担风险，这就是生态合作的真谛，有助于共同创造更大的商业价值。

1. 西门子的跨界合作

西门子，作为工业能源领域的领军企业，一直以强大的技术实力和丰富的行业经验著称。迪士尼，作为全球知名的娱乐品牌，拥有庞大的市场渠道和广泛的消费者群体。为了进一步提升品牌知名度和市场影响力，西门子与迪士尼于 2005 年携手开启了为期 12 年的品牌合作协议。

这一跨界合作不仅基于双方品牌价值的互补性，还基于对市场趋势和消费者需求的深刻洞察。通过与迪士尼合作，西门子得以借助迪士尼强大的品牌影响力和市场渠道，提升其在全球的知名度和美誉度，进一步拓展其业务领域和市场空间。在合作过程中，双方共同开发了多项创新技术，并应用于迪士尼的乐园项目中，例如，先进的自动化控制系统和安全系统，确保了乐园设施的高效运行和游客的安全。

除了与迪士尼的合作，西门子还积极与其他非传统行业伙伴展开跨界合作。例如，西门子中国大禹团队与亚马逊云科技携手，开发了一款智能聊天机器人"小禹"。该机器人借助亚马逊云科技的技术支持，实现了自然语言处理、知识库检索等核心功能，极大地提升了数据查询和处理的效率。此外，西门子家电还与线下餐饮店进行跨界合作，在长沙携手台湾美学餐厅"云壹小小"打造联合餐厅，将西门子家电最新科技及产品覆盖餐厅，使顾客在用餐的同时也能真切体验西门子厨电。此外，双方还合作推出了西门子家电特色限量菜单，进一步传播西门子家电的品牌理念。

2. 茅台酒厂与瑞幸咖啡的跨界合作

茅台酒厂作为中国白酒行业的领军企业，拥有悠久的历史和深厚的文化底蕴。瑞幸咖啡则是近年来快速崛起的咖啡连锁品牌，以年轻化的品牌形象和广泛的市场布局著称。两者跨界合作的背后，是茅台酒厂寻求品牌年轻化、市场拓展以及产品创新的战略考量，同时也是瑞幸咖啡提升品牌形象、丰富产品线以及吸引更多高端消费者群体的举措。具体体现在以下几个方面。

- 在产品联名方面，茅台酒厂与瑞幸咖啡共同推出了联名咖啡"酱香拿铁"，将茅台酒的独特风味融入咖啡，形成了别具一格的口感体验。
- 在渠道共享方面，通过瑞幸咖啡遍布全国的门店网络，茅台酒厂得以将其品牌影响力快速渗透到更广泛的消费者群体中。同时，瑞幸咖啡也借助茅台酒的高端品牌形象提升了自身的市场地位。
- 在营销互动方面，双方通过社交媒体、线下活动等多种渠道进行联合营销，提升了联名产品的知名度，也增强了消费者对两个品牌的认知度和好感度。

这一跨界合作的市场反响热烈。联名咖啡"酱香拿铁"一经推出便受到消费者的热烈欢迎，销售额迅速突破千万元大关，单品首日销量更是突破542万杯，销售额超过亿元。

3. 跨界合作的精髓与共同成长

跨界合作的精髓在于打破了行业界限，实现了不同领域企业之间的优势互补和共同成长。通过将西门子先进的技术和解决方案应用于迪士尼的乐园项目，提升了项目的科技感和吸引力；同时，迪士尼的市场渠道和客户资源也为西门子提供了新的业务增长点。同样地，茅台酒厂通过与瑞幸咖啡合作，成功地将品牌影响力渗透到更广泛的消费者群体中，并实现了产品创新和市场拓展。

跨界合作对供应链创新也带来了深远的影响。通过跨界合作，企业能够围绕客户的需求，对产品、流程、伙伴和渠道/设施进行重新布局，实现供应链的优化和创新，完全符合"4P+C"的逻辑框架。具体体现在以下几个方面。

- 在产品创新方面,跨界合作使企业能够结合不同行业的优势,开发出具有独特卖点的新产品。例如,"酱香拿铁"就是将传统白酒与现代咖啡相结合的创新产品。
- 在流程创新方面,跨界合作促使企业重新审视和优化自身的业务流程,以适应新的合作伙伴和市场需求,实现更高效、更灵活的运营。
- 在伙伴创新方面,跨界合作使企业有机会与不同行业的企业建立合作关系,从而拓宽业务范围和资源获取渠道,提升企业的整体竞争力。
- 在渠道/设施创新方面,通过跨界合作,企业可以利用合作伙伴的渠道资源,快速拓展市场。例如,茅台酒厂通过与瑞幸咖啡的合作,成功地将其产品引入到了咖啡连锁店的渠道中。

同时,跨界合作还对供应链的物流、信息流、资金流产生了创新性影响。通过合作,企业可以共享物流资源,优化配送路线,提高物流效率;可以利用合作伙伴的金融资源或共同开发新的金融产品;还可以获取更多关于市场需求、消费者行为等方面的信息,从而做出更准确的业务决策。

本章小结
用"4P+C"和"SCM321"打造爆款供应链

最后,让我们再次聚焦于本书强烈推荐的两个核心模型——"4P+C"和"SCM321",并尝试用这两个模型来解构如何打造爆款产品和搭建高效供应链,以此作为本章乃至本书的总结。

首先,说说"4P+C"模型。这个模型告诉我们,在产品(Product)

规划上，要打造爆款产品，就必须深入了解目标受众，知道他们想要什么、喜欢什么。然后，要给产品找一个超级独特的卖点，让它与众不同，以吸引大家的眼球。当然，产品的质量也是非常重要的，我们要追求卓越，让客户一用就爱上它。

在流程（Process）设计上，企业需要紧密结合市场需求，优化设计与生产流程，制定有效的市场推广策略，精准定位目标受众，选择合适的传播渠道和营销内容，以最大化市场影响力。

在伙伴（Partner）选择上，与著名品牌、意见领袖或知名主播合作，可以迅速提升产品知名度和影响力。

在渠道/设施方面（Place），除了传统的电商平台和实体店，我们还应积极探索社交媒体平台、直播带货等新兴渠道，以更广泛地触达潜在消费者。

在客户（Customer）需求上，通过线上多渠道持续收集并分析客户意见，及时调整产品策略。

接下来，让我们回顾"SCM321"模型。这一模型为我们搭建了构建高效供应链的框架，它教我们如何搭建一个超棒的爆款供应链。物流、信息流、资金流要快、准、柔，这样才能让产品不仅满足个性化需求，还能迅速送到客户手中。组织之间要高效协同，供需之间要精准对接，这两条主线可以保障整个供应链运转得顺顺利利。最后，一个突破口就是交付要快和柔，提升交付体验，提高客户满意度。

总的来说，"4P+C"和"SCM321"就像我们的战略导航仪，指导我们打造深受欢迎的爆款产品和供应链。只要我们灵活运用这两个模型，就能在市场上脱颖而出，走向成功。